TIROL

Regioführer spezial

W0180422

DIE AUTOREN

Susanne Kilimann und **Rasso Knoller** leben als Reisejournalisten in Berlin, schreiben für große deutsche Magazine und Tageszeitungen und haben zusammen mehr als hundert Reisebücher verfasst. Sie betreiben gemeinsam mit einem Kollegen das Internetreisemagazin weltreisejournal.de und gehören dem Journalistennetzwerk »Die Reisejournalisten« (www.die-reisejournalisten.de) an. Österreich bereisen die beiden seit vielen Jahren.

Christina Leutner kommt aus Tirol und ist hauptberuflich Reisebloggerin. Sie schreibt auf ihrem Reiseblog und Reisemagazin www.city seacountry.com über ihre Erlebnisse weltweit.

www.vistapoint.de

INHALT

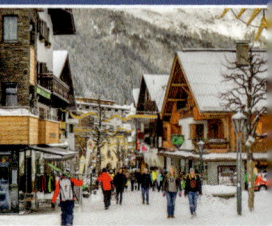

EXTRAS – ZUSATZINFORMATIONEN

INHALT · ZEICHENERKLÄRUNG

ORTE AUS »1000 PLACES TO SEE BEFORE YOU DIE«

Zeichenerklärung

 Top 10
Das müssen Sie gesehen haben

 Vista Point
Reiseregionen, Orte und
Sehenswürdigkeiten

 Symbole
Verwendete Symbole siehe Faltkarte.

 Kartensymbol: Verweist auf das entsprechende
Planquadrat der ausfaltbaren Karte bzw. der
Detailpläne im Buch.

TIROLER LANDESMUSEEN

NICHT VERGESSEN: INS MUSEUM GEHEN

Die Tiroler Landesmuseen:
Kultur erleben.

tiroler-landesmuseen.at

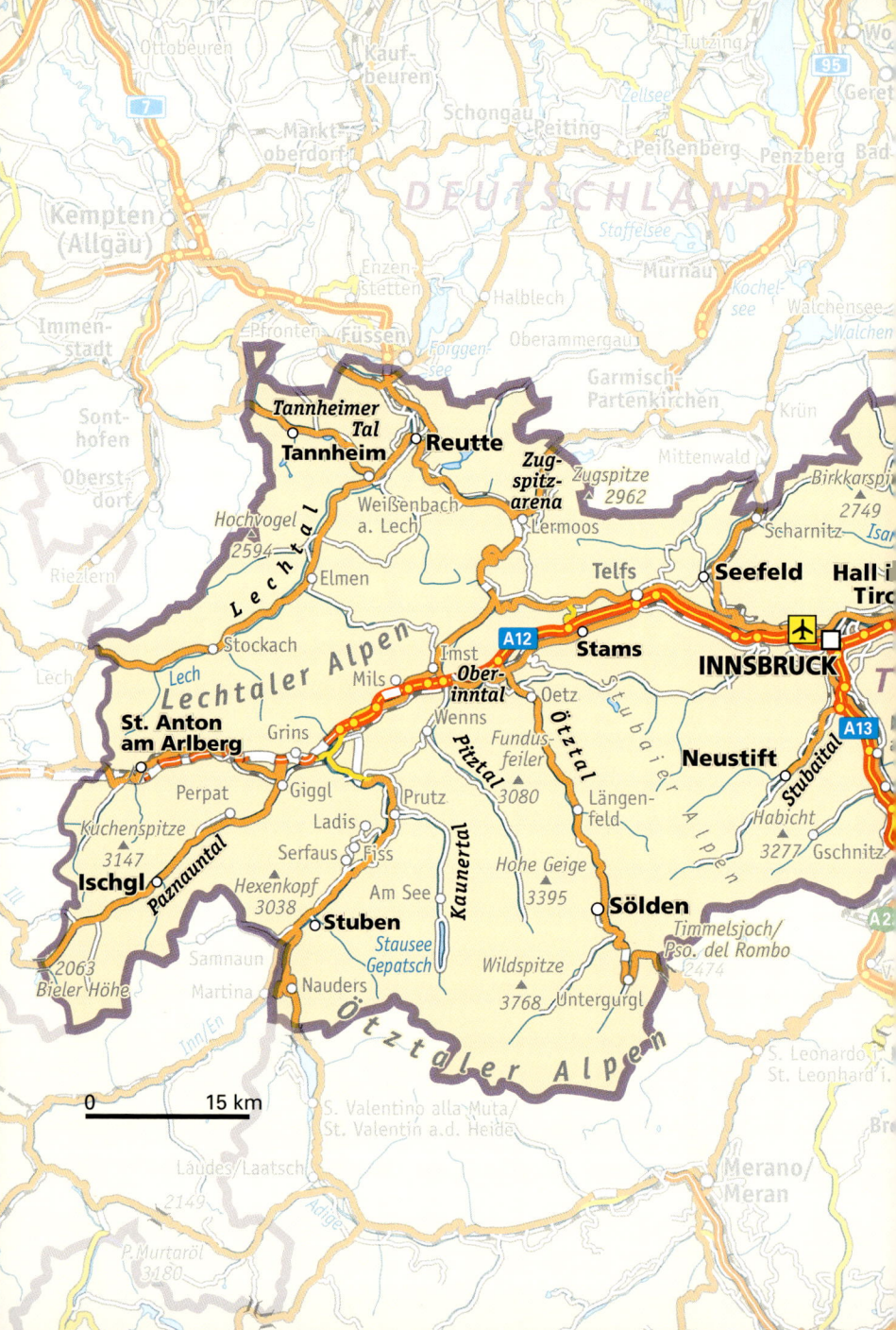

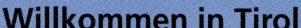

Willkommen in Tirol

»Land im Gebirg« nennen die Tiroler ihre Heimat, etwa 80 Prozent des Landes bestehen aus Hügeln und Bergen, die sich in den Ötztaler Alpen mit dem höchsten Gipfel, der Wildspitze, bis auf 3774 Meter in die Höhe stemmen. Bergwanderer und Kletterer finden hier im Sommer ihre Herausforderung, während im Winter Skifahrer die Hänge hinabflitzen. Die Skigebiete Tirols haben Weltniveau – das gilt sowohl für die Pistenqualität und die Erschließung durch Bergbahnen als auch für das Après-Ski-Vergnügen am Abend. Wer schon mal in Sölden oder Mayrhofen zum Einkehrschwung angesetzt hat, weiß, dass man in Österreich zu feiern versteht. Doch auch wer es ruhiger mag, findet sein Urlaubsparadies, sei es im Lechtal, im Oberen Inntal, auf dem Mieminger Plateau oder im beschaulichen Osttirol.

Neben Stein beherrscht Wasser die Landschaft in Tirol: Gewaltige Gletscher aus den Zentralalpen speisen zahlreiche Flüsse, die sich breite Talfurchen gegraben haben. Kühle Seen bieten Erfrischung und ersetzen Surfern und Kitesurfern bisweilen das Meer. Der Lechweg führt bequem am Fluss entlang und zählt zu den schönsten Langstreckenwanderwegen im Land, wer hoch hinaus will, findet atemberaubend schöne Höhenreviere mit majestätischen Gipfeln, idyllischen Almen, tosenden Bergbächen und Wasserfällen. Oben warten dann mit etwas Glück Steinböcke, Gämsen und Murmeltiere.

In den Jausenstationen, auf den Almen oder in den Restaurants drunten im Tal stärkt man sich mit meist bodenständiger und fast immer hochklassiger Küche, verwöhnen Kaspressknödel, Speckknödel, Tiroler Gröstl oder Kasspatzn den Gaumen. Wer es deftig mag, lässt sich eine Brettljause mit kaltem Schweinebraten, Schmalz, Speck, Kaminwurzen und Käse schmecken. Urlaubsgenuss geht in Tirol immer auch durch den Magen. Die Hotellerie verwöhnt ihre Gäste nicht minder. Die Qualität ist durchgehend ausgezeichnet und die österreichische und damit auch Tiroler Freundlichkeit ohnehin legendär. Ein fröhlich dahingeschmettertes »Griaß di« und ein Lachen gehören zum Service überall mit dazu.

Weil Tirol neben seiner großartigen Natur mit Innsbruck auch noch eine charmante Hauptstadt zu bieten hat, können Gäste beim Thema Kultur ebenfalls aus dem Vollen schöpfen.

Blick über das Oberinntal bei Nauders im Südosten Tirols

Top 10: Das müssen Sie gesehen haben

1 **Die Altstadt von Innsbruck**
S. 13 ff. ➤ D7
Die gemütliche Altstadt von Innsbruck lockt mit ihren alten Bürgerhäusern, den gemütlichen Cafés und Restaurants auch abseits der großen Sehenswürdigkeiten wie Goldenes Dachl und Hofburg.

2 **Hafelekar**
S. 14, 23, 35 f. ➤ D7
Der Hauptstadt aufs Dach schauen: Am höchsten Punkt der Nordkette erlebt man Gipfelatmosphäre und einen 360-Grad-Rundblick.

3 **Lechweg**
S. 54, 55 ➤ E1–B4
Am letzten Wildfluss Tirols entlang wandert man 125 Kilometer fast immer bergab von Dorf zu Dorf. Die entspannteste Art, das Bundesland zu Fuß kennenzulernen.

4 **Mieminger Plateau**
S. 72 ➤ D5
Die sonnenverwöhnte Mittelgebirgsterrasse liegt oberhalb des Inntals am Fuße der Mieminger Alpen. Hier spazieren Sie durch Bilderbuchlandschaft.

5 **Wildspitze**
S. 80 ➤ G5
Inmitten der **Ötztaler Alpen** ragt die 3768 Meter hohe Wildspitze gen Himmel – der höchste Berg Nordtirols. Der Aufstieg zum Gipfel ist nur etwas für erfahrene Bergsteiger. Vom idyllischen Dorf Vent lässt sich die schneebedeckte Spitze von unten bewundern.

6 **Bergrestaurant ice Q**
S. 96 ➤ F5
Im futuristischen Glaswürfel auf 3048 Metern hat schon Daniel Craig alias James Bond sei-

nen Martini genossen. Das architektonische Meisterwerk auf dem Gipfel des Gaislachkogl diente beim Dreh des Bond-Streifens »Spectre« als spektakuläre Kulisse.

 7 Achensee
S. 110 ff. ➜ B/C9
Zwischen Karwendelgebirge und Brandenberger Alpen liegt der Achensee wie eine blaue Perle zwischen steinernen Giganten. Der größte See Tirols besticht mit ausgezeichneter Wasserqualität, Fischreichtum und guten Bedingungen für Segler und Surfer.

8 Hall in Tirol
S. 117 ff. ➜ D8
Hall kann sich einer der besterhaltenen Altstädte Österreichs rühmen. Liebevoll restaurierte Gebäude künden noch heute von der Epoche, in der Hall durch die Salzgewinnung ein reicher und wichtiger Handelsplatz war.

 9 Fohlenhof Ebbs
S. 142 ➜ A11
Haflinger – die großen Ponys mit dem rot-braunen Fell und der blonden Mähne – sind

ein Tiroler Kulturgut par excellence. Auf dem Fohlenhof in Ebbs werden sie bei allerlei Schauveranstaltungen präsentiert.

 10 Nationalpark Hohe Tauern
S. 165, 173 ➜ D–F11–15
Der größte Nationalpark im Alpenraum überzeugt mit grandioser Bergkulisse und ursprünglicher Natur. Die Vielfalt der Wanderungen ist schier grenzenlos – Matrei in Osttirol der perfekte Startpunkt.

Ein Rundgang durch Tirols Hauptstadt

Vormittag
Bahnhof – Triumphpforte – Maria-Theresien-Straße – Servitenkirche – Taxispalais – Palais Trapp-Wolkenstein – Annasäule – Rathaus – Spitalskirche zum Hl. Geist – Gumpphaus – Innbrücke

Mittag
Strudel-Café Kröll (vgl. S. 37 f.)

Nachmittag
Stadtturm – Goldenes Dachl – Dom – Hofburg – Hofgarten – Hofkirche – Bahnhof

Majestätisch schön: die Maria-Theresien-Straße in der Innsbrucker Altstadt

Innsbruck ➜ D7, benannt nach der Brücke über den Inn, ist die Hauptstadt des Bundeslandes Tirol und gehört mit 132 000 Einwohnern zu den größten Städten

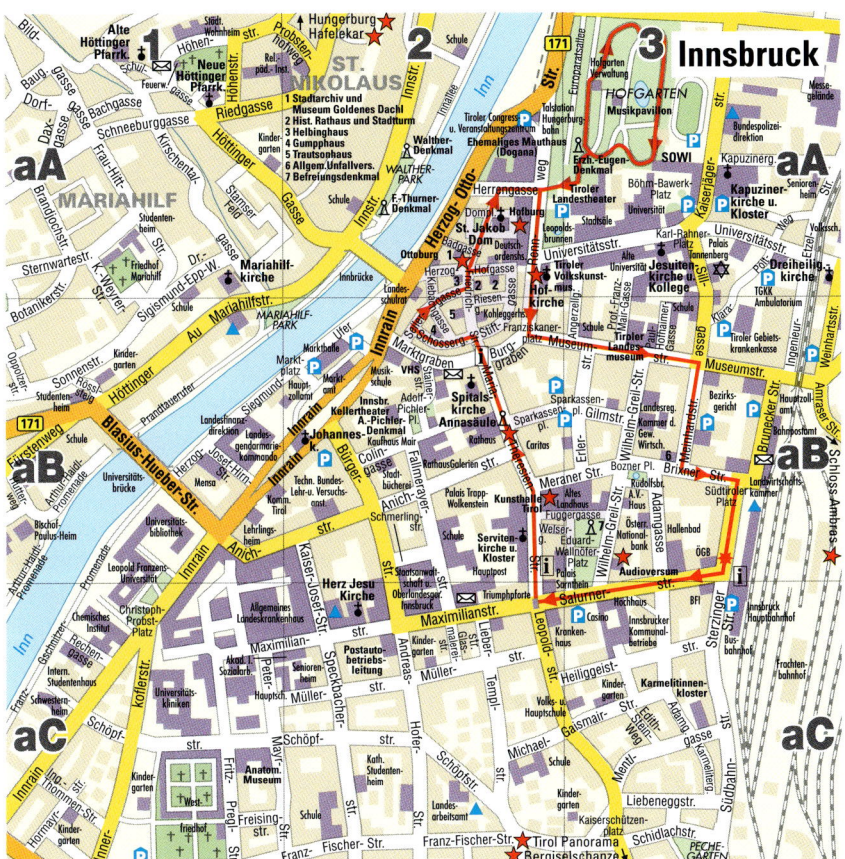

Österreichs. Die einen haben sofort das **Goldene Dachl** ➡ aA2, Innsbrucks weltberühmtes Wahrzeichen, vor Augen. Den anderen fällt als Erstes die **Bergiselschanze** ➡ südl. aD3 ein, auf der sich seit 1952 die Skispringer-Elite zur Vierschanzentournee ein Stelldichein gibt.

Was Innsbruck für Touristen so reizvoll macht, ist zum einen die ❶ **historische Altstadt** mit ihren spätgotischen Fassaden und den Arkadengängen, zum anderen die spektakuläre Naturkulisse in der unmittelbaren Umgebung. Im Norden erheben sich die schroffen Gipfel der Inntalkette, im Süden die Vorberge der alpinen Zentralkette mit dem **Patscherkofel** ➡ D/E7/8, dem über 2000 Meter hohen Innsbrucker Hausberg. Mit

Die Triumpfpforte ist eine der beliebtesten Sehenswürdigkeiten in der Altstadt

den **Nordkettenbahnen** erreicht man Wander-, Ski- und Klettergebiete wie ❷ **Hafelekar und Hungerburg** ➡ D7 von der Altstadt aus in wenigen Minuten.

Der Rundgang beginnt am **Bahnhof** ➡ aB/aC3, von wo die Salurner Straße in Richtung Stadtmitte führt. Die erste Sehenswürdigkeit, die sich Innsbruck-Besuchern hier in den Weg stellt, ist die **Triumphpforte** ➡ aC2. Sie wurde 1765 anlässlich der Hochzeit zwischen Erzherzog Leopold, dem zweiten Sohn von Kaiserin Maria Theresia, und der spanischen Prinzessin Maria Ludovica erbaut. Doch der prächtige Torbogen erinnert nicht nur an Freudiges, denn nur wenige Tage nach der Hochzeit starb Leopolds Vater Stephan.

An der Triumphpforte geht es rechts ab in die **Maria-Theresien-Straße** ➡ aB/aC2, die Haupteinkaufsmeile und Lebensader Innsbrucks. Das eindrucksvolle rote Gebäude mit der Nummer 59 ist das **Palais Sarnthein** ➡ aB2, ein altes Bürgerhaus aus der Mitte des 17. Jahrhunderts. Daneben residiert im **Tirolhaus** ➡ aB2 die Tirol Werbung, die das »Land im Gebirg« bewirbt und Besucher mit Informationsmaterial versorgt. Man spaziert vorbei an der **Servitenkirche** ➡ aB2 und dem gleichnamigen **Kloster**, das 1614 von Anna Caterina Gonzaga von Mantua, der Witwe Erzherzogs Ferdinand II. gestiftet wurde. Die Prinzessin war schon mit 16 Jahren mit ihrem Onkel verheiratet worden. Als glühende Verfechterin des Katholizismus förderte sie die Gründung mehrerer Klöster in der neuen Heimat. Das Nonnenkloster lag ihr besonders am Herzen, nach

Klettersteig am Hafelekar

Ferdinands Tod zog sie selbst zusammen mit einer ihrer Töchter in das Damenstift. Sowohl Kirche als auch Kloster brannten kurz nach der Stiftung ab und wurden bis 1626 neu aufgebaut.

Gegenüber, dort wo die Fuggergasse abbiegt, liegt in einem sandsteinfarbenen Renaissancebau das **Taxispalais** ➜ aB2, in dem die **Kunsthalle Tirol** Wechselausstellungen zu internationaler zeitgenössischer Kunst zeigt. An der Fuggergasse liegt das **Alte Landhaus** ➜ aB2, zwischen 1725 und 1728 vom bekannten Innsbrucker Baumeister Georg Anton Gumpp im prunkvollen Barockstil erbaut. Erneut um Kunst geht es gegenüber in der Hausnummer 38, im **Palais Trapp-Wolkenstein** ➜ aB2, 1625 errichtet und um 1700 im Barockstil umgestaltet. Durch den Innenhof, in dem ein Café Stärkung bietet, erreicht man den barocken Skulpturengarten.

Wenige Schritte weiter beginnt der Abschnitt der Maria-Theresien-Straße, der sich jeden Morgen nach 10.30 Uhr in eine Fußgängerzone verwandelt. In der Mitte der Straße fällt sogleich die im Jahr 1704 errichtete **Annasäule** ➜ aB2 auf. Nach der hl. Anna wurde sie benannt, weil im Vorjahr am 26. Juli, dem Ehrentag der Schutzheiligen, die bayerischen Truppen aus Tirol vertrieben wurden. Die Figuren am Fuß der Säule stel-

Barocke Fassade im Innenhof des Alten Landhauses

len neben der hl. Anna die Heiligen Kassian, Vigilus und Georg dar. Die Originale wurden 2009 durch Kopien ersetzt und sind seitdem im ersten Stock des Alten Landhauses ausgestellt.

Das **Rathaus** ➜ aB2 liegt in Blickrichtung der mächtigen Nordkette auf der linken Straßenseite. Ursprünglich im gotischen Stil erbaut, wurde die viergeschossige Palastanlage später im Barock und dann im klassizistischen Stil umgestaltet. Hier lohnt ein Abstecher in die **RathausGalerien** ➜ aB2 (www.rathausgalerien.at) mit 25 Läden, vier Restaurants, vier Bars und zwei Hotels. Sehr lohnend – Achtung die Aufzüge ungefähr in der Mitte der Galerie übersieht man leicht – ist die Fahrt in den siebten Stock zur Weinbar 360 Grad und dem Restaurant Lichtblick. Von hier hat man einen großartigen Blick über Innsbruck und auf die umliegende Bergwelt. Wer nichts konsumieren möchte, kann die **Aussichtsterrasse** kostenfrei besuchen.

In einem denkmalgeschützten Gebäude von 1577 in der Maria-Theresien-Straße 16 wartet seit 2017 das **Hard Rock Café** auf Gäste – damit hält es den klei-

Die Rad-WM führte 2019 über die Innbrücke

Kirchturm der Spitalskirche in der Maria-Theresien-Straße vor der Nordkette der Alpen

nen Rekord, dass weltweit kein Hard Rock Café in einem älteren Gebäude untergebracht ist. Kurz vor dem Burggraben erhebt sich die **Spitalskirche zum Hl. Geist** ➡ aB2, die ab 1700 nach Plänen von Johann Martin Gumpp dem Älteren anstelle eines gotischen Vorgängerbaus errichtet wurde. Die Baumeisterfamilie Gumpp hat über drei Generationen mit ihren Bauten das barocke Stadtbild Innsbrucks geprägt. Gewohnt hat sie nur wenige Schritte weiter im **Gumpphaus** ➡ aB2 an der Ecke Schlosser- und Kiebachgasse, worauf eine Gedenktafel an der Hauswand links vom Eingang hinweist. Im Erker des Obergeschosses steckt eine Kanonenkugel im Mauerwerk. Sie erinnert an die Kämpfe um die Innbrücke während des Tiroler Volksaufstandes im Jahre 1809. An der Hausseite, die der Schlossergasse zugewandt ist, zeigen Abbildungen die damaligen Freiheitskämpfer: Andreas Hofer, Pater Joachim Haspinger und Josef Speckbacher. Seit 1803 ist im Gumpphaus das Café Munding beheimatet. Selbst gebackene Kuchen und Torten verlocken zu einer kleinen Pause und die »süßen Schindeln« vom Goldenen Dachl sind ein nettes Mitbringsel.

Zur **Innbrücke** ➡ aA2, dem Ort der damaligen Kämpfe, sind es nur ein paar Meter. Von hier blickt man auf das Panorama der Innsbrucker Bürgerhäuser entlang des Flusses und auf ein **Kruzifix**, das für Furore sorgte. Bereits 1515 war hier ein großes Holzkreuz errichtet worden, das jedoch während des Hochwassers von 1789 zerstört wurde. Beim Neubau der Brücke An

Um den nackten Jesus am Kreuz gab es einst viele Diskussionen

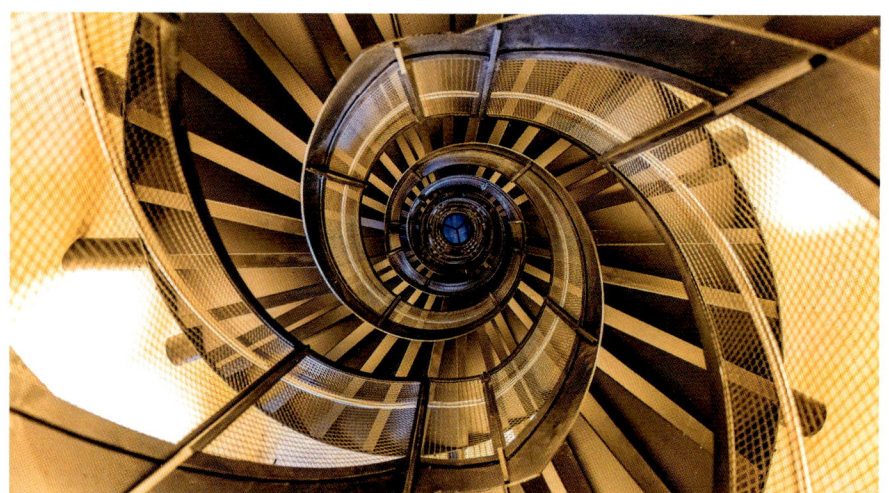

*Der Aufgang zur Aussichts-
plattform des Stadtturms
ist nichts für Menschen mit
Schwindel*

*Stadtturm in der historischen
Altstadt von Innsbruck*

fang der 1980er Jahre sollte an der traditionellen Stätte wieder ein Kreuz aufgestellt werden. Dass der mit dem Entwurf beauftragte Künstler Rudi Walch Jesus in ganzer Nacktheit darstellte, war für die frommen Tiroler zu viel. Als schließlich 20 000 Innsbrucker eine Unterschriftensammlung gegen das Kreuz unterstützten, gab die Stadtverwaltung nach: Die viereinhalb Meter hohe Bronzeskulptur wurde in den Innenhof des Volkskunstmuseums verbannt. Dort fristete sie ein Schattendasein, bis Hilde Zach, die damalige Bürgermeisterin, im September 2007 das Kreuz in einer Nacht-und-Nebel-Aktion auf der Innbrücke aufstellen ließ. Die Zeiten hatten sich geändert, Proteste gab es kaum noch.

Die Seilergasse bringt einen zurück in die Altstadt, wo sich in der Hofgasse eine Pause im **Strudel-Café Kröll** ➡ aA2 anbietet. Nebenan stehen das **historische Rathaus** und der **Stadtturm** ➡ aA2 aus dem 15. Jahrhundert. Dieser diente einst als Gefängnis, heute hingegen sorgt er für gute Laune, denn von seiner Aussichtsplattform hat man einen herrlichen Blick über die Altstadt.

Von hier aus sieht man es schon, das **Goldene Dachl** ➡ aA2, die bekannteste Sehenswürdigkeit der Stadt. Der spätgotische Prunkerker wurde – im Auftrag des deutschen Königs und späteren Kaisers Maximilian I. – erst um 1500 der 1420 erbauten Residenz des Tiroler Landesfürsten angefügt. So sollte der Jahrhun-

wechsel, den man damals als einschneidende Zeitenwende empfand, gewürdigt werden. Namensgebend
für den überdachten Balkon sind 2657 vergoldete Kupferschindeln. Das Relief am Erker zeigt Maximilian I.
(1459–1519) mit seinen beiden Gemahlinnen, Kanzler,
Hofnarr und einer Gruppe von Moriskentänzern. Als
der Erker erbaut wurde, war Maximilian mit Bianca
Maria Sforza (1472–1510) verheiratet. Die Tochter des
Mailänder Herzogs hatte der chronisch verschuldete
Kaiser allerdings nur wegen der besonders üppigen
Mitgift zur Frau genommen. Weil sie ihm zudem keine
Nachkommen gebar, verlor er bald das Interesse an seiner Gemahlin, die er als ungebildet, geschwätzig, naiv,
verschwenderisch und schlampig beschimpfte. Nicht
zuletzt deshalb ließ er auf dem Relief zusätzlich seine
verstorbene erste Ehefrau Maria von Burgund (1457–
1482) verewigen. Die Moriskentänzer verdanken sich
der damaligen Beliebtheit dieses Tanzes – besonders an
italienischen Höfen. Weil die Tänzer ihre Körper während der Aufführungen extrem verdrehten, sprechen
manche vom »Breakdance« des Mittelalters. Die Reliefs
am Erker sind Kopien. Die Originale sind im **Museum
Goldenes Dachl**, dessen Eingang unter dem üppigen
Balkon liegt, ganz aus der Nähe zu bewundern.

Auf dem Platz vor dem Goldenen Dachl wurde im
Februar 1536 der Reformator und Prediger Jakob Hutter verbrannt. Seine Anhänger, die Hutterer, verfolgte

*Blick über Innsbruck mit
dem Goldenen Dachl im
Zentrum und dem Karwendelgebirge im Norden*

GOLDENES DACHL

Innsbruck, Tirol

Die Tiroler sind lustig. Das Klischee entspricht der Wahrheit. In der warmen Jahreszeit vergeht kaum ein Tag, an dem sich nicht einige Traditionalisten mit wallenden Bärten, dekorativen Uniformen, rauchenden Stutzen, flatternden Fahnen und viel Blasmusik-Tschingderassa-Bumm inszenieren. Der männlich-nationalbewusste Teil der Bevölkerung tut das seit napoleonischer Zeit, als die wackeren Mannen um Andreas Hofer den Franzos das Fürchten lehrten. So martialisch, wie sie ihren Feind damals besiegten, zeigen sie sich auch heute noch – am liebsten vor dem Goldenen Dachl.

Das feuervergoldete Dach über dem kunstvoll geschnitzten Balkon in der Altstadt ließ Maximilians I. ab 1497 anlässlich der Jahrundertwende errichten. Die Bedeckung besteht aus 2657 vergoldeten Kupferschindeln, vom spätgotischen Erker schauten Angehörige des Hofs bei Volksfesten belustigt auf den Stadtplatz. Die untere Brüstung des Erkers, dem das berühmte Dach schräg aufsitzt, schmücken Wappenreliefs, das obere Geschoss mit seiner offenen Plattform zieren figürliche Reliefs. Das Goldene Dachl passte als Symbol exakt zum Visionär Maximilian I., der das Reich in seiner Regentschaft in ein »goldenes Zeitalter« führen wollte. Im Haus befindet sich seit 1996 das Maximilianeum, eine Gedenkstätte für den populären Kaiser.

Das bedeutendste Profandenkmal der Innsbrucker Gotik ist, wie Untersuchungen der Dachbalken ergeben haben, wohl bereits 1498 vollendet worden. Historiker verweisen gern auf die strategische Bedeutung des Goldenen Dachls: Von der erhöhten Loge aus sind der trichterförmige Marktplatz mit seinen beidseits durchlaufenden Laubenhäusern und die Herzog-Friedrich-Straße in ihrem breiten Teil perfekt einzusehen. Im Fall eines Angriffs – es war die Zeit zwischen ausgehendem Mittelalter und früher Neuzeit, das Bürgertum wuchs neben dem Adel zur bedeutenden Schicht heran – hätte man sich zu wehren gewusst. Die Kupferschindeln sind das beliebteste Fotomotiv der Stadt.

INFO GOLDENES DACHL: Liegt an der Herzog-Friedrich-Straße und ist jederzeit zu besichtigen. **INFO INNSBRUCK:** Tourismusverband Innsbruck, Burggraben 3, 6020 Innsbruck, Tel. (05 12) 535 60, www.innsbruck.info.

Goldenes Dachl in Innsbruck.

Innenraum des Innsbrucker Doms

man brutal, viele wanderten daher in die »Neue Welt« aus und ihre Nachkommen leben heute in den USA und Kanada.

Biegt man neben dem Goldenen Dachl am gleichnamigen Gasthaus in die Pfarrgasse ein, erreicht man den dem Apostel Jakob geweihten **Dom** ➡ aA2. Im Inneren des barocken Gotteshauses ist vor allem das Grabmal von Maximilian III., Tiroler Landesfürst von 1612 bis 1618, sehenswert.

Am Dom vorbei geht es weiter zur **Hofburg** ➡ aA2, der vom Spätmittelalter bis 1918 bewohnten Residenz österreichischer Monarchen. Das heutige Aussehen verweist auf die Aus- und Umbauten im Rokokostil während der Regierungszeit Maria Theresias. Die Besichtigung der Hofburg erfordert etwas Zeit. Eindrucksvoll ist der große Festsaal, der »Riesensaal«. Seinen Namen trägt er nicht etwa wegen seiner tatsächlich »riesigen« Ausmaße von 31,5 Metern Länge, 13 Metern Breite und 11 Metern Höhe, sondern angesichts der auf den Gemälden dargestellten Riesen. Beeindruckend ist auch das Kaiserin-Elisabeth-Appartement, das mit aufwendig hergestellten Stoffen und Tapeten originalgetreu rekonstruiert wurde.

Bevor man nun zur neben der Hofburg gelegenen Hofkirche geht, lohnt ein kleiner Abstecher zum **Hofgarten** ➡ aA3 schräg gegenüber. Der Park am Rande der Innenstadt wird von den Einheimischen als kleine

Festsaal der Hofburg

KAISERLICHE HOFBURG

Innsbruck, Tirol

Die Führerin im grünen Lodenmantel ist ein fesches Madl, das sich auch mit gestandenen Mannsbildern anlegt, wenn es sein muss. Es muss meistens sein, wenn die Besucherkolonne am Denkmal Rudolfs I. vorbeispaziert.

Golden, aber abgegriffen schimmert der mächtig gewölbte Penisschutz des Habsburgers unter seinem kurzen Mantel hervor. Das Ergebnis der Legende, eine Berührung sichere lebenslange Manneskraft. »Bitte nicht anfassen!«, sagt die Führerin harsch. Viel nützt es nicht.

Die ehemalige Kaiserliche Hofburg ist ein Vierflügelbau, dessen Umgestaltung in der Form des Wiener Spätrokokos Maria Theresia im 18. Jahrhundert in Auftrag gab. Ursprünglich stammt das kolossale Gebäude aus dem 15. Jahrhundert, Maximilian I. ließ es bauen. Die Prunkräume sind üppig mit Stuckaturen und Deckengemälden ausgestattet. Besucher passieren lange Schlossfluchten und bewundern Ahnenbilder und Luxusdekorationen. Alle sammeln sich im mit poliertem Marmor

Die Hofburg in Innsbruck.

ausgekleideten »Riesensaal« (1775), in dem sich die gesamte Familie Maria Theresias in überlebensgroßen Porträts präsentiert. Übermenschlich sind auch die 28 bronzenen Figuren, die zum Totengeleit um das monumentale Grabmal Maximilians I. gruppiert sind. Sie stellen wahre und fiktive Vorfahren des Herrschers dar, darunter Philipp der Schöne, Maria von Burgund, Johanna die Wahnsinnige sowie Cäsar und die legendären Könige Artus und Theoderich der Große.

Maximilian war eine Schlüsselfigur der Zeitenwende vom Spätmittelalter zur Renaissance, der erste große Habsburger. Er ließ – neben der Hofkirche, in der er sich zur Schau stellte – die Hofburg zu seinem Pharaonengrab ausbauen. Mit Prunk und Protz sollte seine Regentschaft weiterleuchten. Ein halbes Jahrhundert dauerten die Bauarbeiten, nie zuvor waren derart große und lebensecht wirkende Figuren gegossen worden. Die tonnenschweren Damen und Herren blaublütiger Abstammung bewachen allerdings ein leeres Grab. Maximilian I. entschied dann doch auf dem Sterbelager, dass er in der Wiener Neustadt zur ewigen Ruhe zu betten sei.

Sehr beliebt ist im Erdgeschoss der Hofburg die Filiale des berühmten Wiener Hotels Sacher, in dem man sich nach dem Rundgang stärken kann.

INFO: In der Altstadt gelegen. **INFO KAISER-LICHE HOFBURG:** Rennweg 1, 6020 Innsbruck, Tel. (05 12) 58 71 86, www.hofburg-innsbruck. at, Öffnungszeiten tägl. 9–17 Uhr, Eintritt € 9,50, ermäßigt € 7, bis 19 J. frei.

Oase abseits des Trubels gern genutzt. Wer will, breitet hier seine Picknickdecke aus oder versucht sich auf den Großschachplätzen vor dem 1733 erbauten Pavillon im Schachspiel. Aber aufgepasst: Die Herren, die hier ihre Partien austragen, sind allesamt Profis. Sowohl im Pavillon als auch im Palmenhaus finden im Sommer mitunter Konzerte und Ausstellungen statt. Dann wird auch der Biergarten am Rand des Gartens viel besucht. Bemerkenswert ist zudem der außergewöhnliche Baumbestand, einige der Riesen soll die österreichische Monarchin Maria Theresia persönlich gepflanzt haben. Ganz in der Nähe liegt auch die **Talstation der Hungerburgbahn** ➜ aA2, die zur Station Hungerburg und von dort – mit Umstieg – weiter hinauf zum 2334 Meter hohen ❷ **Hafelekar** ➜ D7 fährt. Die Bahnstation selbst ist schon eine Sehenswürdigkeit, wurde sie doch von der weltbekannten Architektin Zaha Hadid entworfen.

Talstation der 2007 eröffneten Hungerburgbahn

Am **Tiroler Landestheater** ➜ aA2/3 vorbei geht es zurück zur **Hofkirche** ➜ aA2. In dem Gotteshaus aus dem 16. Jahrhundert steht das wuchtige Kenotaph Kaiser Maximilian I. Bewacht wird der leere Sarg von 28 überlebensgroßen, schwarzen Bronzefiguren. Schon zu Lebzeiten hatte der Monarch festgelegt, dass 40 seiner Ahnherren, Anverwandten und Vorbilder in Form von Statuen um seine Grabstätte gruppiert werden sollten. Den Auftrag erhielt eine Innsbrucker Gießerei. Als Maximilian starb, waren 28 Figuren fertiggestellt – und dabei hat man es dann auch belassen. Nun hatte der Kaiser auf dem Sterbebett verfügt, dass man ihn in der St.-Georgs-Kapelle in der Wiener Neustädter Burg beisetzen möge. Diesem Wunsch wurde entsprochen. Doch die Bronzefiguren von Innsbruck nach Wien zu befördern, wäre eine Herkulesaufgabe für die damalige Logistik gewesen. Zudem befürchtete man, dass die Fundamente der St.-Georgs-Kapelle, die im Obergeschoss der Burg liegt, nicht stabil genug wären, um die Last des monumentalen Sarkophags und der Bronzestatuen zu tragen. Maximilians Enkel Ferdinand I. ließ aus diesem Grund ab 1553 in Innsbruck die Hofkirche – mit dem angegliederten Franziskanerkloster – bauen, um Sarkophag und Statuen in einem angemessenen Rahmen zu präsentieren. Zehn Jahre später war die Kirche fertiggestellt. Die »Schwarzen Mander« (Männer), wie die Bronzefiguren auch genannt werden, sind

Innenraum der Hofkirche

Küche eines traditionellen Tiroler Bauernhofs im Volkskunstmuseum

in Wirklichkeit nicht durchweg Männer. Maximilians Ehefrauen, Maria von Burgund und Bianca Maria Sforza, sowie seine Tochter, Margarete von Österreich (1480–1530), sind hier ebenfalls in Bronze verewigt.

Der **Tiroler Freiheitskämpfer** Andreas Hofer fand in der Hofkirche tatsächlich seine letzte Ruhestätte. Nachdem Hofer auf Befehl Napoleons 1810 in Mantua erschossen worden war, gelang es 1823 die sterblichen Überreste heimlich nach Innsbruck zu überführen. Kaiser Franz I. ließ vom **Wiener Bildhauer Johann Nepomuk Schaller** eine Statue Hofers fertigen und in der Hofkirche aufstellen. Noch immer schmücken Einheimische sie mit einem Trauerflor, der an den Verlust Südtirols nach dem Ersten Weltkrieg erinnert. Hofer wurde im Südtiroler Passeiertal geboren, das seit 1920 offiziell zu Italien gehört.

Unmittelbar an die Hofkirche grenzt das **Tiroler Volkskunstmuseum** ➡ aA2/3 (darüber auch Zutritt zur Kirche) mit einer umfangreichen Sammlung zur Kulturgeschichte des Bundeslandes. Über die Museumstraße, die Meinhard- und schließlich die Brixner Straße kommt man zurück zum Bahnhof. Museumsfans können auf dem Weg dorthin einen Stopp im **Tiroler Landesmuseum** ➡ aB3 (Museumstr. 15) einlegen und dem Spaziergang durch Innsbruck noch einen durch die Geschichte Tirols folgen lassen.

Der silberne Nachttopf aus Mailand

TIROLER LANDESMUSEUM FERDINANDEUM

Innsbruck, Tirol

Dieses Museum passt zu der von Fiaker- und Hofburgkultur geprägten Stadt, deren Erscheinungsbild immer noch weitgehend zwischen Mittelalter, Barock und Gründerzeit oszilliert. Die historischen Sichtbezüge dazu werden im Tiroler Landesmuseum hergestellt. Die Ausstellung ist ein lohnender Gang durch die lange Geschichte Innsbrucks, angefangen vom Römerkastell Veldidena (15 v. Chr.) über die Gründung von Innspruke (1180) bis zur Residenz der Habsburger (1420–1665), der Gründung der Universität durch Kaiser Leopold I. (1669), den Anschluss an Bayern (1806), die Tiroler Freiheitskriege (1809) und die Rückkehr Innsbrucks nach Österreich (1815), die nach einem Beschluss des Wiener Kongresses (1814/15) erfolgte.

Im Mittelpunkt: Kaiser Maximilian I. (1459–1519). Seine Heiratspolitik war Machtpolitik, ohne opportune Ehen und Erbschaften wäre ihm, der aus einer Nebenlinie der Habsburger stammte, die Reichsbildung nicht gelungen. Er selbst unternahm den Brautzug nach Burgund zu seiner ersten Frau Maria, obwohl deren Vater Karl der Kühne gegen den Habsburger Emporkömmling war. Die junge Braut beeindruckte sein markantes Profil, sie verliebte sich sofort. Fünf Jahre blieb Maximilian in Burgund und kämpfte um das Erbe seiner Frau, das König Ludwig I. ihr streitig machte.

Nach ihrem frühen Tod bei einem Reitunfall belagerte er die Stadt Rennes, weil er Anne de Bretagne zur zweiten Frau wollte. Es wurde dann aber Maria Bianca Sforza, eine stolze Mailänder Fürstentochter. Sie brachte eine immense Mitgift in die Ehe ein, neben Gold und Schmuck auch einen silbernen Nachttopf. Leonardo da Vinci stattete die Hochzeitszeremonie aus.

Sehenswert sind auch die Sammlungen zur Geschichte und Kunst Tirols und die Galerie niederländischer und flämischer Maler. Auch die Originalskulpturen des Goldenen Dachls sind ausgestellt.

INFO: In der Altstadt gelegen. **INFO TIROLER LANDESMUSEUM FERDINANDEUM**: Museumstr. 15, 6020 Innsbruck, Tel. (05 12) 594 89, www.tiroler-landesmuseen.at, Öffnungszeiten Di–So 10–18 Uhr, Eintritt für alle Häuser des Tiroler Landesmuseums € 11, ermäßigt € 8, bis 18 J. frei.

Im Tiroler Landesmuseum Ferdinandeum.

Service-Informationen Innsbruck

ⓘ Innsbruck Tourismus ➜ aB2
Burggraben 3, 6020 Innsbruck
✆ (05 12) 535 60, www.innsbruck.info
Mo–Sa 9–18, So 10–15 Uhr

ⓘ Tirol Werbung ➜ aB2
Maria-Theresien-Str. 55, 6020 Innsbruck
✆ (05 12) 727 20, www.tirol.at

🏛🖼 AUDIOVERSUM Science Center ➜ aB3
Wilhelm-Greil-Str. 23, Innsbruck
✆ (05 77) 88 99, www.audioversum.at
Tägl. außer Mo 10–17 Uhr
Eintritt € 9/7, Kinder € 5,50, bis 6 J. frei
Schon einmal durch ein Ohr in 3-D gesurft oder über-
dimensionale Haar-Sinneszellen gefühlt? In der interaktiven Erlebniswelt AUDIOVERSUM wird Hören
zum faszinierenden Erlebnis. Die Hauptausstellung
ABENTEUER HÖREN führt in einer Art Parcours durch
die Welt des Hörens. Das in Europa einzigartige Aus-
stellungskonzept wird mit wechselnden Sonderschauen
laufend erweitert.

🏛🖼 Kunsthalle Tirol ➜ aB2
Maria-Theresien-Str. 45, Innsbruck
✆ (05 12) 508 31 71, www.taxispalais.art
Tägl. außer Mo 11–18, Do bis 20 Uhr
Eintritt € 4/2, So Eintritt frei
Das Barock-Palais an der prominenten Flaniermeile
hatte sich im 17. Jh. ein Spross der berühmten schwä-
bischen Fugger-Familie bauen lassen, später gelangte
es in den Besitz der Thurn und Taxis, die es als Wohnsitz
und Poststation nutzten. Heute ist der Barockbau eine
Kunsthalle. Präsentiert werden hier Ausstellungen und
Diskussionsveranstaltungen.

Tirol Panorama am Bergisel

🏛 Tirol Panorama ➜ D7
Bergisel 1–2, Innsbruck
✆ (05 12) 59 48 91 11, www.tiroler-landesmuseen.at
Tägl. außer Di 9–17 Uhr, Eintritt € 8, Kombiticket mit
Bergiselschanze € 14, bis 19 J. frei

Lautstärke zum Hören und Fühlen im AUDIO-VERSUM

In der eindrucksvollen Haarzellenlandschaft unterschiedliche Frequenzen hören

Von der Bergiselschanze hat man einen atemberaubenden Ausblick über Innsbruck

Ein Landesmuseum der besonderen Art: Das Innsbrucker Riesenrundgemälde von 1896 ist das Herzstück des Hauses. Auf mehr als 1000 Quadratmetern Leinwand illustriert es die Ereignisse des Tiroler Freiheitskampfes – so als wäre man selbst dabei. Die Dauerausstellung »Schauplatz Tirol« wirft mit zum Teil skurrilen Exponaten Schlaglichter auf Menschen, Religion, Politik und Natur in Tirol.

Bergiselschanze ➡ D7
Bergiselweg 3, Innsbruck
✆ (05 12) 58 92 59, www.bergisel.info
Juni–Okt. tägl. 9–18, Nov.–Mai Mo, Mi–Fr 10–17, Sa/So 9–17 Uhr, Eintritt € 10/5
Seit 1953 wird ein Springen der Vierschanzentournee auf dem Bergisel ausgetragen. Für die Olympischen Winterspiele 1964 und 1976 wurde die Schanze ausgebaut, Anfang der 2000er Jahre wurde sie abgerissen und durch eine baulich spektakuläre, inzwischen preisgekrönte Schanze nach Plänen der Architektin Zaha Hadid (1950–2016) ersetzt. Die winterlichen Wettbewerbe locken Zehntausende Besucher, aber auch von Mai bis Oktober kann man Schanzensprünge sehen: Showspringer fahren auf nassen Keramikplatten die Schanze runter, fliegen und landen auf Kunststoffmatten. Noch ein Tipp: das Panoramarestaurant Bergisel Sky im Schanzenturm.

Erleben Sie jeden Tag von Mai bis Mitte Oktober (witterungsbedingt) Ski-springen im Bergiselstadion

Der Leuchtturm von Innsbruck

BERGISELSCHANZE

Innsbruck, Tirol

Der Bergisel ist freiheitshistorisch kontaminierter, für Tiroler heiliger Boden. Hier führte Nationalheld Andreas Hofer (1767–1810) seine Mannen in die dritte Schlacht gegen Napoleon und dessen bayerische Verbündete.

Der Freiheitskrieg 1809 ging siegreich aus, die Tiroler setzten der Fremdherrschaft ein Ende, entgingen schrecklichen Steuerlasten und der Tatsache, dass Napoleon »Tirol« von der Landkarte tilgen wollte. An der Bergstation zur Hungerburg hinauf kann man das »Innsbrucker Riesengemälde« auf 1000 Quadratmetern Leinwand auf sich wirken lassen. Die Kriegsereignisse sind so realistisch festgehalten, dass man das Klirren der Waffen zu hören glaubt.

Heute sind die Kämpfe, die hier ausgetragen werden, rein sportlicher Natur: 1927 fand das erste Skispringen auf der Naturschanze statt. Seit 1953 ist die Tiroler Landeshauptstadt einer von zwei österreichischen Austragungsorten der Vierschanzentournee. Auch die Olympischen Winterspiele fanden zweimal hier statt (1964, 1976).

2000 stand eine radikale Modernisierung an, den Zuschlag für den Neubau erhielt die britische Architektin Zaha Hadid. Der verwegen auskragende Turm auf dem Berg erinnert an die Kabine einer Schwebebahn, oben gewährt ein rundum gläsernes Aussichtsrestaurant herrliche Panoramablicke. Es wird vom kantigen Erschließungsschaft und der schlangenartig geschwungenen Sprungschanze regelrecht in den Himmel gestemmt, ein ingenieurstechnisches Meisterwerk.

Die 50 Meter hohe skulpturale Konstruktion ist als »Leuchtturm von Innsbruck« ein Wahrzeichen der Stadt. Sie gilt als eine der technisch vollkommensten Sprunganlagen der Welt. Der höchste Punkt der Sprungschanze liegt 250 Meter über der Stadt. Die Anlaufstrecke der

Vorbereitung zum Absprung von der Bergiselschanze in Innsbruck.

Springer, die in Richtung Innenstadt fliegen, ist 128 Meter lang, die weitesten Sprünge gehen über 130 Meter hinaus. 28 000 Zuschauer finden im Stadion Platz. Sportskanonen absolvieren die 455 Stufen vom östlichen Stadioneingang bis zum Schanzenturm zu Fuß. Andere benutzen den modernen Schrägaufzug, der 350 Personen befördern kann. Eine massive Platte trägt den Turmschaft, der Stahlhut ist dreigeschossig und auf ihm sitzen Restaurant, Aussichtsplattform und eine Technik-/Rettungsebene. Der Blick über das Inntal umfasst auch Patscherkofel, Nordkette, Hoher Munde und Serles – atemraubend!

INFO: Im Süden der Stadt gelegen. **INFO SKISPRUNGSCHANZE BERGISEL MIT RESTAURANT BERGISEL SKY:** Tel. (05 12) 58 92 59, www.bergisel.info, Öffnungszeiten Juni–Okt. tägl. 9–18, Nov.–Mai Mo, Mi–Fr 10–17, Sa/So 9–17 Uhr, letzte Talfahrt Schrägaufzug 17 Uhr, Eintritt € 10, Kinder € 5.

⚫ Goldenes Dachl ➡ aA2

Herzog-Friedrich-Str. 15, Innsbruck

Seine Blütezeit erlebte Innsbruck im 15. Jh. – aus dieser Zeit stammt auch die Residenz des Tiroler Landesfürsten, deren Fassade ein spätgotischer Prunkerker mit 2657 feuervergoldeten Kupferschindeln bildet. Bis heute sollen alle im Original erhalten sein. In Auftrag gegeben wurde das Goldene Dachl vom dem römisch-deutschen König und späteren Kaiser Maximilian I. Der Erker bot dem Regenten einen Logenplatz, von dem aus sich das Treiben in der Stadt gut beobachten lässt – nicht immer sah man hier heitere Szenen. Anno 1536 wurde der radikalreformatorische Prediger Jakob Hutter auf dem Platz vor dem »Goldenen Dachl« öffentlich verbrannt.

Detail am Goldenen Dachl

⚫ Hofkirche ➡ aA2

Universitätsstr. 2, Innsbruck

Mo–Sa 9–17, So 12.30–17 Uhr

Das Gotteshaus aus dem 16. Jh. ist berühmt für das prachtvolle, aber leere Grabmal für einen der bedeutendsten Herrscher Tirols, Kaiser Maximilian I. Während der Monarch in der Wiener Neustadt begraben liegt, hat der Tiroler Freiheitskämpfer Andreas Hofer hier wirklich seine letzte Ruhestätte gefunden.

Bronzefiguren wachen über das leere Grab von Maximilian I. in der Hofkirche

◉ 🏛 Kaiserliche Hofburg ➡ aA2

Rennweg 1, Innsbruck

℡ (05 12) 58 71 86, www.hofburg-innsbruck.at

Tägl. 9–17 Uhr, Eintritt € 9,50, bis 19 J. frei, So ist Familientag: Erw. mit mind. 1 Kind Eintritt frei

Neben Schloss Schönbrunn und der Wiener Hofburg zählt die Kaiserliche Hofburg in Innsbruck zu den bedeutendsten Kulturbauten und Hinterlassenschaften der Habsburger Monarchie. Riesensaal, Gardesaal, Lothringer-Zimmer und die Kapelle bezeugen eindrucksvoll den Lebensstil und das Selbstverständnis der österreichischen Herrscherfamilie. Der verspielte Wiener Rokokostil geht auf Ausbauarbeiten unter Maria Theresia zurück. Die große Habsburger Monarchin weilte zeitlebens allerdings nur zweimal in Innsbruck – einmal auf der Durchreise, ein anderes Mal zur Hochzeit ihres Sohnes Leopold II. mit Maria Ludovica von Spanien. Gemächer und Prunkräume werden heute für Ausstellungen (meist zur österreichischen Geschichte) genutzt.

◉ 📺 Maria-Theresien-Straße ➡ aB/aC2

Innsbruck

Die Prachtstraße wurde nach der ersten Stadterweiterung im 13. Jh. angelegt und später nach Kaiserin Maria

Salon in der
Kaiserlichen Hofburg

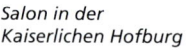

Spanischer Saal in
Schloss Ambras

Theresia benannt. Weil sie die Nähe zur Residenz des Landesfürsten suchten, verließen immer mehr Adelige in der beginnenden Neuzeit ihre Burgen in der Umgebung und ließen sich stattliche Häuser entlang der neu angelegten Straße errichten. Zu den imposantesten und bedeutendsten Gebäuden an der beliebten Flaniermeile gehören das **Neue Rathaus** (Nr. 18), das **Taxispalais** (Nr. 45)*,* ein Barockpalast nach italienischem Vorbild, und das **Palais Trapp-Wolkenstein** (Nr. 38) mit seinem lauschigen Innenhof, wo heute auch ein hübsches Café lockt. In der Mitte der Straße erinnert eine korinthische Marmorsäule, die **Annasäule,** auf deren Spitze die Jungfrau Maria auf einer Mondsichel thront, an die Befreiung Tirols von den Bayern.

◉ 🏛 🍃 ⊟ **Schloss Ambras** ➜ D7
Schlossstr. 20, Innsbruck
✆ (01-525 24) 48 02, www.schlossambras-innsbruck.at
Dez.–Okt. tägl. 10–17 Uhr
Eintritt April–Okt. € 12/8, Dez.–März € 8/6, bis 19 J. (ganzjährig) frei
Am südöstlichen Stadtrand liegt das Renaissanceschloss, das Erzherzog Ferdinand II. (1563–1595) für seine bürgerliche und damit nicht standesgemäße Ehefrau, die Augsburgerin Philippine Welser, bauen ließ. Besonders sehenswert: der Spanische Saal und der Park mit altem

Das Denkmal einer großen Liebe

SCHLOSS AMBRAS

Innsbruck, Tirol

Es war Liebe. Erzherzog Ferdinand II. (1563–95) heiratete nicht standesgemäß. Aber seine bürgerliche Gemahlin, die aus Augsburg stammende Philippine Welser, sollte prunkhafter residieren als manche Blaublütige. Für

sie ließ er im Stil der Renaissance im Süden der Stadt eine Burg zum märchenhaft anmutenden Schloss Ambras als Sommerresidenz errichten. Der Name leitet sich vom lateinischen *ad umbras*, im Schatten, ab. Der prächtig restaurierte Bau auf einer sanften Mittelgebirgsterrasse gilt nach wie vor als »Denkmal einer großen Liebe«. Viele Lebensjahre waren dem Erzherzog nicht vergönnt, aber die glücklichsten davon soll er mit seiner Gattin im Inntal verbracht haben. Zu sehen ist das Badezimmer von Philippine, die Fenster gehen in den schönen Innenhof hinaus. Der Fürst ließ sich ihr Wohlergehen einiges kosten. Im Gegenzug bekochte sie ihn köstlich, sie hinterließ ein selbstverfasstes Kochbuch, bis zu 14 Gänge ließ sie auftragen.

Schloss Ambras in Innsbruck.

Die zweite große Leidenschaft des Habsburgers war das Sammeln von Rüstungen und Kuriositäten, die in großer Zahl in Ambras ausgestellt sind. Im Unterschloss finden sich die prall gefüllten Säle mit Kriegsgerät, im ersten Stock des Kornschüttgebäudes ist die wertvolle Kunstkammer mit Plastiken und Kunstgewerbe untergebracht. Im Hochschloss sind hochrangige Kunstwerke ausgestellt, Malerei und Plastik. Der Spanische Saal, 1571 fertiggestellt, gilt als frühes Beispiel der deutschen Renaissance und bedeutendster freier Saalbau des 16. Jahrhunderts. Seine eindrucksvolle Kassettendecke und die 27 Porträts der Tiroler Landesfürsten verraten viel von dem Anspruch der Habsburger auf politische Bedeutung in ihrer Zeit. Die Errichtung des Weltreichs begann hier als Gedankengebäude.

Das Schönste an Schloss Ambras ist aber der Park, Gartengenießer verbringen dort viele Stunden. Es ist nicht nur der alte Baumbestand, der entzückt, sondern vor allem die Harmonie von Schloss, Park, Berg und Tal. Etwas abgelegen und von dichtem Bergwald umgeben, liegt der Soldatenfriedhof mit Kriegergedenkstätte. Das war einst der Tummelplatz für Ritter und Pferde von Burg Ambras.

INFO: Im Südosten der Stadt auf ca. 630 m gelegen. **INFO SCHLOSS AMBRAS:** Schlossstr. 20, 6020 Innsbruck, Tel. (01) 525 24 48 02, www.schlossambras-innsbruck.at, Öffnungszeiten tägl. 10–17 Uhr, im Nov. geschl., Eintritt April–Okt. € 12, ermäßigt € 8, Dez.–März € 8, ermäßigt € 6, bis 19 J. frei (während der Wintermonate ist ein Teil der Ausstellung geschl.).

Baumbestand (schönes Gartencafé). Das Schloss besitzt eine der bedeutendsten Sammlungen von Gegenständen osmanischer Herkunft aus dem 16. Jahrhundert, die von Erzherzog Ferdinand II. in der »Türkenkammer« präsentiert wurden. Die Sammlung hat der Erzherzog, der wie viele europäische Fürsten seiner Zeit ein Faible für die »Türken-Mode« hatte, selbst zusammengetragen. Wechselnde Ausstellungen machen Schloss Ambras immer wieder zu einem lohnenden Ausflugsziel.

2 🍴🐾🏃❌🎒💻🏛 **Hafelekar und Hungerburg** ➡ D7
Nordkettenbahnen, Höhenstr. 145, Innsbruck
☎ (05 12) 29 33 44, www.nordkette.com
– **Hungerburgbahn**: Mo–Fr 7.15–19, Sa/So 8–19 Uhr, Berg-und Talfahrt € 9,90/5,90, Einzelfahrt € 5,90/3,60, Kombiticket Berg-und Talfahrt mit Eintritt Alpenzoo € 17/9
– **Hafelekarbahn**: tägl. 9–17 Uhr, Berg- und Talfahrt € 38/22,80, Einzelfahrt € 22,80/13,70
– **Seegrubenbahn**: tägl. 8.30–17.30 Uhr, Berg- und Talfahrt € 34,20/20,50, Einzelfahrt € 20,50/12,30
Direkt von der City in den größten Naturpark Österreichs entschweben – die Nordkettenbahnen bringen einen minutenschnell in aussichtsreiche Höhenlagen, z. B. zu den hochalpinen Wandergebieten an der See-

Goetheweg auf dem Hafelekar

Gämse im Alpenzoo

Bei jedem Wetter fährt die Nordkettenbahn auf die Hungerburg – mit Halt am Alpenzoo

grube und am 2334 m hohen Hafelekar. Im Sommer ist der Weg zum Gipfel ab der Bergstation ein leichter Spaziergang, wer mehr wandern will, ist auf dem **Goetheweg** gut unterwegs. Aber auch schon ab der nicht so hoch gelegenen Station Hungerburg lassen sich verschiedene Ausflugsalmen auf leicht zu bewältigenden Wegen erreichen. Detaillierte Wanderkarten liegen an den Stationen aus. Wintersportler befördern die Bahnen in nur 20 Minuten von der Altstadt zum Skigebiet mit Pisten unterschiedlicher Schwierigkeitsgrade. An sonnigen Wintertagen zieht es aber auch Nichtskifahrer hinauf, um warm eingehüllt auf der **Terrasse des Panoramarestaurants** an der Station Seegrube Tiroler Spezialitäten zu genießen und den Blick über die Bergwelt schweifen zu lassen. Ein beliebtes Ziel ist der **Alpenzoo**, den man mit der Hungerburgbahn bequem erreicht.

☒ ▣ **Lichtblick** ➡ aB2
Maria-Theresien-Str. 18, Innsbruck
✆ (05 12) 56 65 50, www.restaurant-lichtblick.at
So geschl.
»Speisen wie im Siebten Himmel« ist das Motto des schicken Restaurants im siebten Stock des Rathauses. Gäste von Küchenchef Andreas Zeindlinger können aus wenigen, aber ständig wechselnden Speisen ein Menü – auch fleischfrei – zusammenstellen. Ein Blick auf die Weinkarte begeistert, ebenso der Blick auf die Stadt. €€

Shopping vor wunderschöner Bergkulisse

☒ ⊡ Restaurant 1809 am Bergisel ➜ D7

Bergiselweg 3, Innsbruck
✆ (05 12) 58 92 59 30, www.bergisel.info
Tägl. außer Di 10–18 Uhr
Gute Saisonküche. Speisen vor atemberaubender Bergkulisse – dank der hohen Glasfronten in dem schicken, von Zaha Hadid entworfenen Restaurant. €€

☒ Die Wilderin ➜ aA/aB2

Seilergasse 5, Innsbruck
✆ (05 12) 56 27 28, www.diewilderin.at
Tägl. außer Mo ab 17 Uhr
Kreative Küche mit Saisonprodukten aus der Region: lecker essen in einem kleinen, schnörkellosen Lokal. Herrlich. €–€€

☒ ▣ Augustiner Stiftskeller ➜ aA2

Stiftgasse 1, Innsbruck
✆ (05 12) 57 07 06, www.stiftskeller.eu
Tägl. 10–24 Uhr
Augustiner Bier (aus Bayern) und Tiroler Schmankerln sind eine tolle Kombination, die man hier in rustikalem Ambiente oder in dem schönen, großen Biergarten genießen kann. €

☒ ▣ Strudel-Café Kröll ➜ aA2

Hofgasse 6, Innsbruck
✆ (05 12) 57 43 47, http://strudel-cafe.at
Tägl. 6–21 Uhr

Gut besuchte Restaurants gibt es viele in der Innsbrucker Innenstadt

In dem kleinen Café gibt es nicht nur süße Köstlichkeiten wie Topfen- und Apfelstrudel, sondern auch herzhaft gefüllte Strudel – mit Fleisch oder vegetarisch. €

Adlers Bar ➡ aB3
Brunecker Str. 1, Innsbruck
✆ (05 12) 56 31 00, www.adlers-innsbruck.com
Tägl. 7–24, Fr/Sa bis 1 Uhr
Bar mit Lounge-Terrasse im zwölften Stock, unglaubliches Bergpanorama. Es gibt kulinarische Kleinigkeiten, köstliche Cocktails, edle Weine, coole Rhythmen und gelegentlich Livemusik.

Feinheiten Innsbruck ➡ aA2
Pfarrgasse 8, Innsbruck
✆ (05 12) 90 80 26, www.feinheiten-innsbruck.at
Mo–Fr 10–13 und 14–18, Sa 10–14 Uhr
Lauter schöne Dinge, gefertigt in kleinen Werkstätten und Designstudios: Taschen, Portemonnaies, Schmuck, Porzellan, Accessoires, die das Zuhause schöner machen. Hier kann man wunderbar stöbern und bekommt Lust, einen lieben Menschen oder sich selbst zu beschenken.

Kaufhaus Tyrol ➡ aB2
Maria-Theresien-Str. 31, Innsbruck
www.kaufhaus-tyrol.at
Mo–Mi 9–19, Do/Fr 9–20, Sa 9–18 Uhr

100 Jahre Geschichte stecken in dem modernen Ambiente des Einkaufszentrums. Es stand schon, als in Österreich noch der Kaiser herrschte. Heute erstrahlt es in neuem Glanz, wurde 2011 sogar zum schönsten Einkaufszentrum Europas gekürt. 50 Shops bieten in den Galerien auf mehreren Etagen Lederwaren, Designerjeans, Mode, Sportoutfits und Elektronik. Selbst wer nichts kaufen möchte, sollte einen Blick hineinwerfen.

🔭 Walde Seifen ➜ aA2
Innstr. 23, Innsbruck
✆ (05 12) 28 58 10, www.walde.at
Mo–Fr 9–18, Sa 9–13 Uhr
In der alten Kerzen- und Seifenfabrik gibt es handgemachte Seifen, Shampoos, Cremes und vieles mehr.

Ausflugsziele:

⛷ Olympia Eiskanal – Bobbahn in Igls ➜ D7
Heiligwasserwiese 1, Innsbruck-Igls
✆ (052 75) 512 20, www.olympiaworld.at
Nur zu bestimmten Terminen buchbar
Preis pro Person € 100
Die Bobbahn Olympia, erbaut für die Olympischen Winterspiele 1976, bietet eine Kunsteis-Bobbahn am Fuße des Patscherkofel. Auch (mutige) Gäste haben dort die Möglichkeit, bei rasanten Wintersportarten im Renn- oder Sommerbob mitzumachen. Die Gästebobbahn ist 900 m lang mit zehn Kurven, einem Kreisel und einem Höhenunterschied von 100 m. Gesteuert wird der Sechser-Bob selbstverständlich von einem Weltklasse-Profi.

Vierer-Bob im Eiskanal von Innsbruck-Igls

🚡🏔 Zirbenweg am Patscherkofel ➜ D7
Römerstr. 81 (Talstation Patscherkofelbahn)
Innsbruck-Igls
✆ (05 12) 37 72 34, www.innsbruck.info/wandern/
hiking-touren/tour/zirbenweg.html
Ein atemberaubender Weg für Jung und Alt führt durch die größten Zirbenbestände Europas. Ein Muss: Zirbenschnaps in einer der Hütten vor Ort probieren. Der »Aufstieg« lässt sich ganz leicht mit der Gondel der Patscherkofelbahn bewerkstelligen und am Ende des Weges wartet die Glungenzerbahn.

🏔 Patscherkofelbahn ➜ D7
Römerstraße 81, Innsbruck-Igls
✆ (05 12) 37 72 34, www.patscherkofelbahn.at
Im Winter tägl. 8.30–16, Do bis 22, im Sommer tägl. 9–17, Do bis 23 Uhr
Der Patscherkofel, nur 10 Fahrminuten von Innsbruck entfernt, trumpft mit der neuen 10er Patscherkofelbahn, mit zwei neuen Restaurants – »Das Hausberg« im Tal, »Das Kofel« am Berg inklusive alpinem Panorama und modernem Interieur – sowie im Sommer mit familienfreundlichen Wanderwegen und im Winter mit anspruchsvollen Abfahrten auf. ◼

Skifahren am Patscherkofel

Patscherkofelbahn

Vilsalpsee in Tannheim:
Kristallklarer Bergsee im schönsten Hochtal Europas

Eingebettet zwischen den Lechtaler und Allgäuer Alpen liegt der Vilsalpsee auf 1165 Metern Seehöhe im Tannheimer Tal, das der Reiseschriftsteller Ludwig Steub in seinem Buch »Drei Sommer in Tirol« als »schönstes Hochtal Europas« bezeichnet. Der vom höher gelegenen Traualpsee gespeiste klare Bergsee misst an der tiefsten Stelle 47 Meter. In Blau- und Smaragdtönen schimmert das Wasser, in dem sich Forellen und Saiblinge tummeln. Auch diverse Entenarten haben hier ihren Lebensraum.

Tipp: Früh morgens und ab 17 Uhr ist es am See besonders schön. Dann herrscht unendliche Stille.

Der Vilsalpsee ist Naturschutzgebiet und für Urlauber wie Einheimische ein sehr beliebtes Ausflugsziel. Vereinzelt trauen sich abgehärtete Schwimmer auch ins kühle Nass. Da der Bergsee jedoch auch im Hochsommer kaum wärmer als 18 °C wird, kommen die meisten Besucher nicht zum Schwimmen, sondern um sich in der beeindruckenden Landschaft zu entspannen. Ein Besuch des Sees lohnt sich zu jeder Jahreszeit. Besonders schön ist es im Herbst, wenn die Laubbäume ringsherum in den buntesten Farben leuchten.

Am Beginn des Vilsalpsees gibt es zwei Gasthäuser: das **Restaurant Vilsalpsee** und die **Fischerstube**, bei der man sich auch Ruderboote ausleihen kann, um den See vom Wasser aus zu erkunden. Vorsicht beim Einstieg ins Boot: Es wäre nicht das erste Mal, dass jemand auf den feuchten Holzplanken ausrutscht und im Wasser landet.

Die Hänge südöstlich des Vilsalpsees sind sehr steil. Im Mai 1975 kam es hier zu einem tragischen Unfall, als fünf Wanderer trotz eines Warnschildes weitergingen und über ihnen am Geierkopf eine Lawine losbrach, die sie unter sich begrub und in den See schleuderte. Am Unglücksort ist eine Erinnerungstafel angebracht.

Diese Uferseite macht auch heute Probleme. Während man früher den gesamten Vilsalpsee umrunden konnte, wurde 2012 nach einem Felssturz das östliche Ufer gesperrt. 2015 errichtete man einen Schutzwall, um den Wanderweg hinauf zur Traualpe, zum Traualpsee und zur Landsberger Hütte wieder öffnen zu

REISEBLOG
Tirol

*Nicht verpassen!
Der Bergaicht Wasserfall
unweit vom Vilsalpsee*

können. Allerdings ist ein kleines Teilstück des Weges am hinteren Ufer wegen Steinschlaggefahr nach wie vor gesperrt, was jedoch dem Wandervergnügen in dieser Gegend keinen Abbruch tut.

Vom Vilsalpsee aus kann man auch zu einigen der schönsten Hütten und Alpen im Tannheimer Tal wandern. Am einfachsten zu erreichen ist die **Vilsalpe**. Der flache Weg führt entlang des westlichen Ufers bis zur Alpe, die man in etwa einer halben Stunde erreicht. Wer will, kann noch weiter zum 400 Meter hohen **Bergaicht Wasserfall** laufen.

Oberhalb des Vilsalpsees locken der **Lachensee** und der **Traualpsee**, an dessen Ufer sich die bewirtschaftete **Obere Traualpe** befindet. Noch weiter oben liegt die **Landsberger Hütte**. Für die Wanderungen zu den Hütten sind gutes Schuhwerk und ein wenig Kondition erforderlich. Dafür wird man mit einer schönen Aussicht bis hinunter auf den Vilsalpsee belohnt.

Am Ende des westlichen Vilsalpseeufers beginnt ein Wanderweg hinauf zum höchsten Berg des Tannheimer Tals, dem 2249 Meter hohen Geißhorn.

Lädt zum Verweilen ein: der Vilsalpsee bei Tannheim

Ab Tannheim ist der Vilsalpsee über einen schönen Wanderweg durch den Wald und entlang der Vils zu erreichen – die vier Kilometer bewältigen selbst ungeübte Wanderer problemlos. Auch eine asphaltierte Straße führt vom Ort zum See, sie ist jedoch von 10 bis 17 Uhr gesperrt. In dieser Zeit verkehren hier nur das Bimmelbähnchen, der »Tannheimer Alpenexpress«, ein Bus (während der Sommersaison), Pferdekutschen und Radfahrer auf ihrem Drahtesel. Im Winter führt bei ausreichenden Schneeverhältnissen eine gespurte Loipe bis zum See. ▬

Die öffentlichen Transportmittel von Tannheim zum Vilsalpsee fahren vor dem Tourismusverband in der Vilsalpseestraße in Tannheim ab. Hier erhalten Besucher auch Informationen zu den Pferdekutschen, die nur auf Bestellung fahren.

🛈 **Tourismusverband Tannheimer Tal** ➡ C3
Vilsalpseestr. 1, 6675 Tannheim
✆ (056 75) 622 00, www.tannheimertal.com

✖ **Fischerstube am Vilsalpsee** ➡ C3
Am Vilsalpsee 2, Tannheim
✆ (056 75) 62 78
Bis 18 Uhr geöffnet, Ruhetag laut Aushang

✖ **Restaurant Vilsalpsee** ➡ C3
Am Vilsalpsee 1, Tannheim
✆ (056 75) 62 93
Tägl. geöffnet

Zugspitze bei Ehrwald:
Hinauf auf Deutschlands höchsten Berg

REISEBLOG
Tirol

Auch wenn die Zugspitze vor allem als Deutschlands höchster Berg bekannt ist, liegt ein Teil auf österreichischer Seite. Die Grenze zwischen den beiden Ländern verläuft über den Westgipfel; hier kann man mit einem Fuß in Tirol und mit dem anderen in Deutschland stehen.

Auf die Zugspitze hinauf führt ein Wanderweg, der jedoch nur für erfahrene Wanderer und Bergsteiger zu empfehlen ist. Vom österreichischen Ehrwald fährt eine Luftseilbahn, die Tiroler Zugspitzbahn, in nur zehn Minuten hinauf. Während der kurzen Fahrt werden 1725 Höhenmeter überwunden, teils in schwindelerregender Höhe. In der Panoramakabine haben rund 100 Personen Platz und die Pendelbahn, die drei Stützen aufweist, fährt im 20-Minuten-Takt zur Bergstation auf 2950 Metern Seehöhe.

Oben angekommen genießt man bei gutem Wetter einen Vierländerblick. Von der Aussichtsterrasse reicht die Sicht sogar bis zum Großglockner, dem höchsten Berg Österreichs, zum Piz Bernina und zum Münchner Fernsehturm.

Doch nicht nur der Ausblick von der Außenterrasse lohnt sich, sondern auch der Besuch des an der Bergstation gelegenen Erlebnismuseums. Die Ausstellung »Faszination Zugspitze – Erlebniswelt« gewährt Einblicke in die Geschichte und Gegenwart der Zugspitze. Die Erstbesteigung im Jahr 1820 durch Josef Naus wird

Gut zu wissen: Auf der deutschen Seite kommt man beim PhotoStop Zugspitze dem vergoldeten Gipfelkreuz, das auf 2962 Meter Seehöhe steht, ganz nahe.

Vom Gipfel der Zugspitze eröffnen sich phänomenale Ausblicke

Tipp: Eine Übernachtung im Iglu-Dorf Zugspitze Im Inneren der Räume herrscht konstant eine Temperatur zwischen 0 und 4 °C. Zum Aufwärmen gibt es im Freien einen Whirlpool mit Blick auf den Sternenhimmel. Inkludiert sind zudem abendliche Aktivitäten sowie ein Abendessen im Hauptraum des Iglus und das Frühstück am nächsten Morgen. Verliebte können sich ihr eigenes »Love-Nest« bauen.

ebenso thematisiert wie der Bau der ersten Tiroler Seilbahn und die Modernisierung bis heute. Auch wer den Nervenkitzel sucht, ist in diesem Museum richtig, denn hier schreitet man auf Sicherheitsglasplatten etwa 200 Meter über dem Zugspitzmassiv lang und schaut ungehindert in die Tiefe.

Ein weiteres Highlight auf der Zugspitze ist das Besucherzentrum **Der Schneekristall**. Hier dreht sich alles um die Schneeflocke, zu sehen sind verschiedene Formen von Schneekristallen, vergrößerte Kristalle aus Acryl und ein Schneekristallthermometer.

Im Winter lockt das Skigebiet auf der Zugspitze Skifahrer und Snowboarder an. Neben der Gondel ab Ehrwald in Tirol fährt auch die Bayerische Zugspitzbahn ab Grainau bzw. Garmisch zur Zugspitze hoch. Von der Bergstation geht es weiter mit der Bayerischen Gletscherbahn zum Gletscher und Skigebiet. ▬

🏛 **Tiroler Zugspitzbahn** ➜ C5
Obermoos 1, Ehrwald
✆ (056 73) 23 09, www.zugspitze.at
Tägl. 8.40–16.40 Uhr, Mai/Juni und Okt./Nov. nur bei guter Witterung, Revisionszeiten online
Berg- und Talfahrt ab € 48/29

🏠 **Iglu-Dorf Zugspitze** ➜ C5
Ende Dez.–Mitte April
✆ +41 (41 612) 27 28
www.iglu-dorf.com/de/standorte/zugspitze

Iglu-Dorf auf fast 3000 Metern Höhe

REISEBLOG
Tirol

Hydroelektrisches Kraftwerk am Zammer Lochputz

Zammer Lochputz:
Die mystische Klamm in Zams

Im Tiroler Oberland befindet sich bei Zams die Lötzklamm, besser bekannt unter dem Namen Zammer Lochputz. Der Lochputz ist ein Fels in Form eines Stierkopfes, der beim Wasserfall in der Klamm über eine versteinerte Wassernymphe wacht. Die gesamte Sage, die von einem Schmied und einer Nymphe handelt, ist auf der Website nachzulesen.

Der Rundgang beginnt im Schaukraftwerk. 1923 erbaut, ist es eines der ältesten Kraftwerke in Tirol. Dann durchqueren die Besucher zu Fuß die Lötzklamm. Der Weg führt vorbei an der alten Schmiede, einer Wasserfontäne und dem Wasserfall, über den 1000 bis 2000 Liter Wasser pro Sekunde rauschen. Durch die Spiegelhöhle geht es weiter zum Erlebnisspielplatz und wieder zurück zum Ausgangspunkt. An die 200 Stufen sind während des Rundgangs zu überwinden. Gutes Schuhwerk und – selbst im Sommer – eine Jacke sind empfehlenswert, da es in der Klamm kühl sein kann. ▬

Tipp: Besonders mystisch ist es im Zammer Lochputz im Winter. Jeden Mittwoch werden geführte Abendwanderungen angeboten.

🏰🕊️👁️🦢 **Zammer Lochputz** ➜ E3
Lötz, Zams
✆ (0664) 585 90 89, www.zammer-lochputz.at
1.5.–17.5., 18.9.–31.10. Fr–So 10–17, 21.5.–13.9. tägl. 10–17.30, 25.12.–Ende Feb. Mi 19.30–21 Uhr Abendführungen
Eintritt im Sommer € 4,50/3,50, Winterführungen € 3,50/2,50, bis 6 J. frei

Gut zu wissen: Außerhalb der Öffnungszeiten können nach telefonischer Vereinbarung Führungen gebucht werden.

Nichts für Menschen mit Höhenangst: die highline179

highline179:
Blick mit Kick und die Burgenwelt Ehrenberg

Die highline179 bei Reutte gilt offiziell als »längste Fußgängerhängebrücke der Welt im Tibetstyle«. Sie hat eine Gesamtlänge von 406 Metern und ist bis zu 114 Meter hoch. Die Brücke, die bei großem Andrang und Wind ziemlich schaukelt, verbindet die Ruine Ehrenberg mit dem Fort Claudia und ist ein sehr beliebtes Ausflugsziel. Namensgeber ist übrigens die darunter verlaufende Bundesstraße 179.

Bereit zum Kampf bei den Ritterspielen auf der Burgenwelt Ehrenberg

Durch die Gitterroste der Brücke blickt man in die Tiefe – eine echte Herausforderung für Menschen mit Höhenangst. Besonders schön ist es hier abends. Dann sind die Hängebrücke, die Ruine Ehrenberg und die Festung Schlosskopf beleuchtet.

Von der Ehrenberger Klause führt ein breiter Wanderweg in etwa 20 Minuten durch den Wald zur highline179 hinauf. Insbesondere im Sommer freuen sich die Spaziergänger über den Schatten. Entlang des Weges sind Schatzsuchstationen aufgebaut, damit auch bei Kindern keine Langeweile aufkommt. Das dazu passende Heft ist an den Kassen im Besucherzentrum erhältlich. Gut zu wissen: Seit Mitte April 2019 fährt der Schrägaufzug »Ehrenberg Liner« in zweieinhalb Minuten hinauf zur highline179 und überwindet dabei 110 Höhenmeter. Von der Ausstiegsstelle führt ein fla-

cher, befestigter Weg direkt zur Ausstellung im Horn-
werk und weiter zur Hängebrücke.

Nach dem Besuch der highline179 lohnt sich der
kurze Anstieg zur **Burgruine Ehrenberg** schon allein
wegen des Ausblicks auf den Talkessel von Reutte und
die Berge. Die Burg Ehrenberg wurde 1279 erbaut
und gehört zum Festungsensemble Ehrenberg, das
außerdem das Sperrgebäude der Klause, die Festung
am Schlosskopf und das Fort Claudia umfasst. Wer Zeit
hat, kann nach der Besichtigung der Burgruine weiter
hinauf zum Aussichtsberg **Schlosskopf** wandern.

Wieder zurück an der **Ehrenberger Klause** empfiehlt
sich der Besuch des hier untergebrachten Museums, das
sich vor allem mit der Geschichte rund um den Ritter
Heinrich und seine Maria in der Mitte des 14. Jahrhunderts beschäftigt. Anfassen ist ausdrücklich erwünscht.
Für Kinder gibt es im Museum eine Rätsel-Rallye und
am Ende werden die jungen Gäste mit einem Ritter-
schlag geehrt oder zum Burgfräulein ernannt.

Jedes Jahr Ende Juli finden auf dem Areal rund um
die Burgenwelt Ehrenberg die **Ritterspiele Ehrenberg**
statt. Europas größtes historisches Event dieser Art
verbindet Ritterspiele, historische Lager, Umzüge und
Ritterturniere mit einem großen Mittelaltermarkt,
Feuerwerk und Konzerten. ━

*Tipp: Den schönsten
Ausblick bietet das Ende
der highline179, denn von
hier hat man die Hänge-
brücke, die Ruine Ehren-
berg und die Markt-
gemeinde Reutte vor sich.*

◉ ⛷ 🐾 ☕ **Burgenwelt Ehrenberg** ➜ C4
Klause 1–5, Reutte
✆ (056 72) 62 007, www.ehrenberg.at
www.highline179.tirol, www.ritterturniere.com
Besucherzentrum: Mai–Nov. tägl. 9–18, Dez.–April tägl.
10–16 Uhr, Eintritt € 8/5
highline179: tägl. 8–22 Uhr, Eintritt € 8

*Die Burg Ehrenberg war in der
Vergangenheit hart umkämpft*

Innsbruck Trek: Weitwandern rund um die Landeshauptstadt

Der Innsbruck Trek verbindet die Landeshauptstadt Tirols mit den schönsten Wanderwegen der Region. Start- und Endpunkt der sechstägigen Wanderung ist Innsbruck. Prinzipiell gibt es zwei Möglichkeiten, die beeindruckenden Täler und Gebirgsketten zu erkunden: geführt oder individuell.

Bei den geführten Wanderungen ist ein geschulter Bergwanderführer dabei und zwischen den Wanderstrecken fährt ein Shuttle, mit dem man die weniger interessanten Abschnitte überwindet. Doch auch die Wanderer, die sich allein auf den Weg machen, finden sich zurecht. Die Wege sind – wie generell in Österreich – sehr gut ausgeschildert und man erhält einen Informationsfolder, detaillierte Streckenangaben sowie einen Busfahrplan. So weiß man immer, wie man bequem zur Unterkunft bzw. zur nächsten Etappe kommt.

Ein weiterer praktischer Vorteil des Innsbruck Treks ist, dass das Gepäck immer per Shuttle zur nächsten Unterkunft gebracht wird, sodass unterwegs nur ein Tagesrucksack erforderlich ist, und zwar auch dann, wenn man individuell unterwegs ist. Bei den Wanderhotels hat man die Auswahl zwischen den Kategorien drei und vier Sterne.

Wahlmöglichkeiten bestehen auch bezüglich der Wegstrecken – immer gibt es eine einfachere und eine anspruchsvollere Variante. Sie unterscheiden sich in Länge und zu überwindenden Höhenmetern.

Los geht es am Innsbrucker Wahrzeichen, dem Goldenen Dachl. **Am ersten Tag** führt der Innsbruck Trek aus der Stadt hinaus hinauf zur Umbrüggler Alm mit

Löwenzahnwiese auf dem Mieminger Plateau

Panoramablick auf das Inntal

schönem Ausblick auf Innsbruck. Weiter geht es nach Kranebitten, wo der Shuttle zum Mieminger Plateau abfährt.

Die **zweite Etappe** verläuft von Obsteig aus hinauf zum Lehnberghaus auf 1553 Metern Seehöhe und weiter zur Aussichtsplattform auf der Lacke. Der kurze Aufstieg zur Lacke lohnt sich auf jeden Fall, denn von hier aus sind das Inntal, das Mieminger Plateau, das Wetterstein- und Karwendelgebirge sowie die Ötztaler und Stubaier Alpen zu sehen.

Der **dritte Tag** beginnt mit der Fahrt vom Mieminger Plateau auf die andere Seite des Inntals. An der Bushaltestelle Sattele beginnt die dritte Wanderetappe, die entlang der Stubaier Alpen verläuft. Zuerst folgt man einer Forststraße durch den Nadelwald hinauf zur Feldringalm. Nach einer kurzen Verschnaufpause auf der Außenterrasse mit Blick Richtung Imst geht es weiter hinauf. Ins Blickfeld kommen nun auch die schroffen Felsen und Berge der Ötztaler Alpen. Nach dem Aufstieg zum Faltegartenköpfl mit einem der schönsten Ausblicke auf das Inntal geht es durch Zirbenwälder hinunter nach Marlstein und von dort aus weiter bis ins Kühtai im Sellraintal. Bei der schwierigen Variante wird auch der Pirchkogel erklommen.

Am **vierten Tag** wandert man durch das Sellraintal – entlang des Höhenwanderweges oder, wer es anstren-

Nur 15 km westlich von Innsbruck liegt das beschauliche Oberperfuss

gender mag, über das Kögele mit anschließendem Abstieg nach Oberperfuss.

Tag fünf beginnt nach einer Busfahrt bei der Axamer Lizum auf 1583 Metern Seehöhe. Vom Austragungsort der Olympischen Spiele 1964 geht es direkt hinauf zum Halsl auf 1992 Metern. Hier ist der Blick auf die Nockspitze besonders beeindruckend. Man folgt einem Steig zum Birgitzköpfelhaus auf knapp 2100 Metern und gelangt dann entlang des Almenweges in etwa einer Stunde zur Mutterer Alm. Die leichtere Variante führt zuerst zur Götzener Alm und dann ebenfalls zur Mutterer Alm weiter.

Tipp: Anstatt zu Fuß von der Mutterer Alm nach Mutters hinabzugehen, fahren Sie mit den Mountain Carts zur Talstation. Die Strecke ist ungefähr fünf Kilometer lang und es macht viel Spaß auf der abgesperrten Bahn hinunterzudüsen.

Tipp: Unbedingt einen Stopp beim Boscheben Alpengasthof einlegen und einen Zirbenschnaps probieren.

Die letzte Etappe führt auf den Innsbrucker Hausberg Patscherkofel

Der **letzte Wandertag** des Innsbruck Treks startet nach einer Busfahrt bei der Patscherkofelbahn. Mit der Gondel geht es in rund zehn Minuten hinauf zur Bergstation. Von hier aus führt die leichte Variante zuerst durch ein Meer an Almrosen bis auf den Gipfel des Patscherkofels und von dort aus weiter auf dem Zirbenweg, der den größten Zirbenurwald der Alpen durchquert. Zahlreiche Hinweistafeln informieren die Wanderer. Zudem eröffnen sich hier wunderschöne Aussichten auf die Nordkette und das Inntal mit Innsbruck. Die schwierige Variante dieser Etappe führt außerdem noch hinauf auf den Aussichtsgipfel Viggarspitze auf 2306 Metern Seehöhe. Beide Touren enden wieder bei der Patscherkofel Bergstation. ▬

Buchbar ist die Wanderung entlang des Innsbruck Treks bei der AlpinSchule Innsbruck:

AlpinSchule Innsbruck (ASI) ➡ D7
Tschurtschentalerhof 1, 6161 Natters
✆ (0512) 54 60 00, www.innsbruck-trek.com

Wenn es Donnerstag ist: Ein Erlebnis ist der Sonnenuntergang auf der Aussichtsterrasse des Restaurants Kofel an der Bergstation. Während des Sommerbetriebs finden jeden Donnerstag von 18 bis 23 Uhr Abendfahrten mit der Patscherkofelbahn statt und dann ist auch das Restaurant bis 23 Uhr geöffnet.

Mehr Tipps zu Tirol und anderen Destinationen finden Sie auf www.cityseacountry.com.

Reiseregionen, Orte und Sehenswürdigkeiten

Außerfern

Das Außerfern, mit 1236 Quadratkilometern und rund 32 000 Einwohnern der kleinste Bezirk Tirols, zeigt im Vergleich zum Rest des Bundeslands große kulturelle Eigenheiten. Woher das kommt, erklärt sich schon im Namen: Außerfern bedeutet »Außer dem Fern«, also hinter dem Fern(pass). Das mächtige Bergmassiv schirmt das Gebiet quasi vom restlichen Österreich ab, sodass sich in der Vergangenheit intensive Verbindungen zum deutschen Allgäu entwickelt haben. Lange gehörte das Außerfern (www.ausserfern-direct.at) zum Bistum Augsburg. Auch die Sprache ähnelt eher der des nördlichen Nachbarn und enthält viele Elemente des Bayerisch-Schwäbischen.

Lechtal ➜ E1–A5

Der Lech, der letzte Wildfluss in den nördlichen Kalkalpen, ist der Namensgeber des Tals. Im Sommer zieht vor allem der 125 Kilometer lange ❸ **Lechweg** Besucher an. Im Winter stehen immerhin 190 Kilometer gespurte Loipen zur Wahl. Viele Gäste nutzen das Lechtal dann auch als preisgünstigeren Standort für die benachbarten Skigebiete von Lech, Zürs, Warth und Schröcken.

Der wichtigste Ort im Tal ist **Elbigenalp** ➜ D2, von den Einheimischen schlicht »das Dorf« genannt. Im »Duarf«, wie es im Lechtaler Dialekt heißt, machte einst Königin Marie, die Mutter von Bayerns König Ludwig II., gern Urlaub. An sie wird in dem sehr sehenswerten Museum **Wunderkammer Elbigenalp** ebenso erinnert wie an Anna Stainer-Knittel, die legendäre Geierwally, die in Elbigenalp 1841 auf die Welt kam.

ℹ️ **Info Naturpark Lechtal** ➜ D2
Untergiblen 23, 652 Elbigenalp
✆ (056 34) 53 15
www.lechtal.at
www.lechtal-info.com

Wandern im Lechtal

Das Ziel nach 125 Kilometern: Der Lechfall bei Füssen

Wandern auf dem Lechweg – von der Quelle bis zum Lechfall

Der Lechweg ist ein Langstreckenwanderweg für Genießer, denn um die 125 Kilometer zwischen dem Formarinsee und Füssen zu schaffen, muss man weder ein Konditionswunder noch ein erfahrener Wanderer sein. Der gut ausgebaute Weg folgt größtenteils dem Flusslauf und führt damit meist bergab. Freilich ist ab und zu auch eine Anhöhe zu überwinden, doch steile Anstiege sind die Ausnahme. Wem es trotzdem mal zu anstrengend wird, fährt einfach mit dem Bus weiter. Der Weg kreuzt nämlich in regelmäßigen Abständen die Talstraße und dort ist die nächste Busstation nie weit. Für Besitzer der Lechtaler Gästekarte – diese geben die jeweiligen Gastgeber aus – sind die Wanderbusse sogar kostenlos. Wer seinen Rucksack nicht schleppen will, lässt sein Gepäck einfach von Unterkunft zu Unterkunft transportieren. Der Großteil des Lechwegs ist von Mai bis Oktober begehbar. Nur auf der ersten Etappe, die vom Formarinsee hinunter nach Lech führt, liegt meist bis Mitte/Ende Juni noch Schnee.

Streckenführung: Formarinsee – Lech am Arlberg – Warth – Steeg (hier beginnt der Tiroler Teil des Wegs) – Holzgau – Bach – Elbigenalp – Häselgehr – Elmen – Vorderhornbach – Stanzach – Forchach – Weißenbach – Wängle – Pflach – Grenzübertritt nach Deutschland – Füssen

Die Hängebrücke bei Holzgau

🚌 Regelmäßig verbinden **Busse** alle Dörfer im Lechtal. Mit der Lechtaler Gästekarte, die von den Hotelbetrieben ausgegeben wird, kann man den Service kostenlos nutzen.

🏛 ℹ **Naturparkhaus Klimmbrücke** ➜ D3
Klimm 2, 6644 Elmen in Tirol
www.naturpark-tiroler-lech.at/naturpark-tiroler-lech/naturparkhaus.html
Mai–Ende Sept. tägl. 10–16 Uhr
Das Naturparkhaus auf einer Brücke über dem Lech bei Elmen befasst sich mit dem Naturpark Tiroler Lech und dem Wildfluss Lech.

🏛 **Wunderkammer Elbigenalp** ➜ D2
Dorf 47, Elbigenalp
✆ (056 34) 200 24, http://wunderkammer.tirol
Im Sommer Mi–Sa 10–12 und 14–18, im Winter Mi–Fr 14–18 Uhr, Eintritt € 6,50/3
Museum zur Kultur und Geschichte des Lechtals. Jährlich wird eine neue Spezialausstellung zu regionalen Themen aufgelegt.

◉ **Fußgänger-Hängebrücke bei Holzgau** ➜ D2
Die 200,5 m lange und 110 m hohe spektakuläre Fußgängerhängebrücke überspannt bei Holzgau die Höhenbachschlucht.

⊙ Pfarrkirche St. Nikolaus Elbigenalp ➡ D2

Vermutlich um 1300 erbaut, wurde die Kirche 1775/76 mit Fresken von Johann Jakob Zeiller ausgeschmückt. Die Martinskapelle nebenan ist die älteste Kapelle des Tals, zu sehen sind 18 Bilder des Totentanzes von Johann Anton.

▨⬒ Doser Wasserfall bei Häselgehr ➡ D3

Der Doser Wasserfall ist von einem Rätsel umgeben. Jedes Jahr im November »verschwindet« der Fall auf mysteriöse Weise, um Ende April des Folgejahres wiederaufzutauchen. Da man bisher nicht weiß, warum das so ist, behilft man sich zur Erklärung mit einer Sage: Angeblich verschließt und öffnet ein Drache den Wasserlauf. Wanderer erreichen den kleinen Wasserfall ab der Ortskirche innerhalb einer Stunde.

☒⬛ Der Stern – Kräuterhotel & Wirtshaus ➡ D2

Steeg-Dickenau 14

☏ (056 33) 56 44, www.der-stern.at

Der Stern in Steeg setzt auf traditionelle Küche, die mit lokalen Bergkräutern verfeinert wird. Die Lage fast am Ufer des Lech ist ein weiterer Pluspunkt. €€

☒ Landgasthof Kaiserkrone ➡ D3

Dorfstr. 45, Elmen in Tirol

☏ (056 35) 210, www.gasthof-kaiserkrone.at

In dem Familienrestaurant präsentiert Chefkoch Peter Santifaller Klassiker der Tiroler bzw. österreichischen

Blick über Elbigenalp im Sommer

Küche. Kasspatzln, Schweinsbraten oder Wiener Schnitzel – wer es deftig will, ist in der Kaiserkrone richtig. €€

☒ Zur Geierwally ➜ D2
Haus Nummer 40, Elbigenalp
℘ (056 34) 64 05, www.zur-geierwally.at
In der urigen Bauernwirtschaft serviert man bodenständige Tiroler Küche wie Schlutzkrapfen, Tiroler Knödel mit Sauerkraut oder Kasspatzln. Das Restaurant ist auch eine Art Museum mit Ausstellungsstücken aus der Region. Ein kleiner Rundgang zwischen Vor- und Hauptspeise lohnt sich. €

☕ Café Uta ➜ D2
Holzgau
℘ (0676) 84 54 131 00, https://cafe-uta.at
Das Café ist ein beliebtes Ausflugsziel für Spaziergänger ab Holzgau. Man erreicht es nur zu Fuß auf dem Weg zum nahegelegenen Simms-Wasserfall. €

⊞ ◉ Käserei Sojer ➜ D2
Steeg 16

Fresko an der Kapelle in Elbigenalp

Das Fort Claudia diente als Sperrfestungssystem um die Burg Ehrenberg

✆ (056 33) 56 36, www.kaesereisojer.at
Mo–Sa 8–18, So 9–18 Uhr
Die einzige Naturkäserei im Lechtal befindet sich im Ortszentrum von Steeg.

🗺 Geierwally-Freilichtbühne ➡ D2
Elbigenalp
✆ (056 34) 53 15 12, www.geierwally.at
Auf der Freilichtbühne, die in den Felsen der Elbigenalper Bernhardstalschlucht hineingebaut wurde, werden jeden Sommer Stücke mit Bezug zum Lechtal gespielt.

Reutte ➡ C4
Mit 6750 Einwohnern ist die Marktgemeinde Reutte der Hauptort im Außerfern. Er liegt an der Via Claudia Augusta und der Tiroler Salzstraße und hatte daher schon von alters her eine Bedeutung als Handelsort. Bereits 1849 wurde Reutte zum Markt erhoben, den Stadtstatus hat es aber nie erhalten. Sehenswert sind die Häuser mit Fassadenmalereien im Ortszentrum.

🛈 Tourismusinformation Reutte ➡ C4
Untermarkt 34, 6600 Reutte
✆ (056 72) 623 36, www.reutte.com
Mo–Fr 8–17, Sa 9–13 Uhr

🏛👁🗺 Burgenwelt Ehrenberg und Highline 179 ➡ C4
Klause 1–5, Reutte
✆ (056 72) 620 07, www.ehrenberg.at

Mit vollem Körpereinsatz wird bei den Ritterspielen in Ehrenberg gekämpft

www.highline179.tirol, www.ritterturniere.com
Erlebnismuseum und Naturausstellung Mai–Nov. tägl. 10–18, Dez–April tägl. 10–17 Uhr, letzter Einlass eine Stunde vor Schließung
Kombiticket für die Ausstellungen »Dem Ritter auf der Spur« und »Der Letzte Wilde« € 10,80/5,80
highline179 tägl. 8–22 Uhr, Eintritt € 8
Die Burgruine Ehrenberg liegt 4 km vom Ortszentrum entfernt. 1296 erbaut ist sie eine der ältesten Festungsanlagen im nördlichen Tiroler Voralpenland. Einst war Ehrenberg mächtige Verteidigungsanlage, Verwaltungssitz und Zollstation. Neben der Ruine und dem Mitte des 17. Jh. erbauten Fort Claudia gehören auch zwei Museen zur Burgenwelt Ehrenberg. Im interaktiven **Erlebnismuseum »Dem Ritter auf der Spur«** wird Besuchern in 14 Räumen die Welt des Mittelalters nahegebracht und die **Naturausstellung »Der Letzte Wilde«** befasst sich mit dem letzten unverbauten Fluss der Region, dem Lech. Seit 2014 hat die Burgenwelt eine weitere Attraktion: Die **Fußgängerhängebrücke highline 179** überspannt in schwindelerregender Höhe auf einer Länge von 406 Metern die Bundesstraße 179 und verbindet die Burgruine Ehrenberg mit dem Fort Claudia. Am letzten Juliwochenende finden in der Burgenwelt Ehrenberg die Ritterspiele mit einem Mittelaltermarkt statt.

🏛 **Museum Grünes Haus** ➡ C4

Untermarkt 25, Reutte
✆ (056 72) 723 04, www.museum-reutte.at
Di–Sa 13–17, jeden 1. Do im Monat bis 19 Uhr
Eintritt € 3/2
Im ehemaligen Wohnhaus eines vermögenden Bürgers aus dem 16. Jh. befindet sich heute das Stadtmuseum mit einer umfassenden Sammlung von Kunst- und Kulturgütern der Region. Zu sehen sind u. a. Gemälde der Porträt-, Blumen- und Landschaftsmalerin Anna Stainer-Knittel, die besser als »Geierwally« aus dem gleichnamigen Roman von Wilhelmine von Hillern bekannt ist.

☒ **Gasthof Mohren** ➡ C4

Untermarkt 26, Reutte
✆ (056 72) 623 45, www.hotel-mohren.at
So Ruhetag
Österreichische Küche mit internationalem Einschlag bietet der Gasthof Mohren im Herzen der Gemeinde. Die Weinkarte sucht zumindest in Reutte ihresgleichen und bietet vor allem Spezialitäten aus Österreich. Als Mitglied der Vereinigung »Tiroler Wirtshaus« garantiert man Produkte regionaler Herkunft. €€

Gemäldesammlung des Grünen Hauses in Reutte

Ausflugsziel:

🌐 🏛 Vils ➡ B3

Mit 1517 Einwohnern ist Vils die drittkleinste Stadt Österreichs. Im Gegensatz zum 15 km entfernten Reutte, das bis heute auf die Ernennung zur Stadt wartet, wurde Vils dieser Titel schon 1327 von König Ludwig IV. verliehen. Das **Museum der Stadt Vils** ist vor allem für Musikliebhaber interessant, denn hier sind Geigen der bekannten Geigenbauerfamilien Rief und Petz und eine Viola d'amore des berühmten Musikinstrumentenbauers Johann Ulrich Eberle ausgestellt. Stolz ist man auch auf vier Gemälde des 1764 in Vils verstorbenen Barockmalers Balthasar Riepp.

Tannheimer Tal ➡ B/C2/3

Das Tannheimer Tal ist ein etwa 1100 Meter hoch gelegenes Hochtal, in dem neben dem namensgebenden Tannheim die Gemeinden Nesselwängle, Grän, Zöblen und Schattwald liegen. In den kleinen Skigebieten der Region finden die Alpinfahrer 20 Lift- und Seilbahnanlagen mit 55 Kilometern präparierten Pisten. Beliebt ist das Tannheimer Tal aber vor allem bei Anhängern des nordischen Skisports. Für sie stehen 140 Kilometer gespurte Langlaufloipen unterschiedlichster Niveaus zur Verfügung. Im Sommer wird das Tannheimer Tal zum Wander- und Klettergebiet. Mehrfach schon wurde es zu Österreichs beliebtester Wanderregion gewählt.

Panoramablick auf das Tannheimer Tal vom Neunerköpfle aus

Langläufer beim Ski Trail vom Tannheimer Tal nach Bad Hindelang

Ein Sonderfall ist die Gemeinde **Jungholz** ➜ B2. Sie gehört zwar ebenfalls zu Tirol und wird dort auch der Region Tannheimer Tal zugeschlagen, doch ist der 300-Seelen-Ort ausschließlich von Deutschland aus erreichbar. Die Einheimischen bezeichnen Jungholz daher als »ein Stück Tirol im Allgäu«. Aufgrund seiner geografischen Lage verfügt der Ort über eine deutsche und eine österreichische Postleitzahl. Als deutsches Zollanschlussgebiet gelten die deutschen Mehrwertsteuersätze. Bis zur Einführung des Euro war hier die Deutsche Mark offizielles Zahlungsmittel und wegen des strengeren Bankengeheimnisses war Jungholz eine Art Klein-Luxemburg, wo Anleger ihr Geld vor dem deutschen Fiskus »versteckten«. So wurde es zum Ort mit der größten Bankendichte Österreichs. Heute wirbt Jungholz für sich mit der Bezeichnung Alpenkräuterdorf – ein Kräutergarten liegt unmittelbar neben der Kirche –, konzentriert sich auf den Familientourismus und ist ein beliebtes Wandergebiet.

🛈 **Tourismusverband Tannheimer Tal** ➜ C3
Vilsalpseestr. 1, 6675 Tannheim
✆ (056 75) 622 00, www.tannheimertal.com

🏛 **Felixe Minas Haus** ➜ C3
Höf 6, Tannheim
✆ (056 75) 62 72
www.tannheimertal.at/felixe-minas-haus
Führungen jeweils Di, Fr 16 Uhr, zudem Mo nach der Gästebegrüßung um 10.45 Uhr, dann Treffpunkt beim Tourismusverband Tannheimer Tal
Eintritt € 4, für Besucher der Gästebegrüßung frei

Bis zu 70 Heißluftballons steigen beim Ballonfestival jedes Jahr auf

In dem denkmalgeschützten Wohnhaus von 1698 kann man bäuerliches Leben der letzten Jahrhunderte nachempfinden. Viele Möbel sind Originalstücke.

Vilsalpsee → C3
Die Wanderung von Tannheim zum 1165 m hoch gelegenen Vilsalpsee ist auch für Familien mit kleinen Kindern und Senioren machbar. Sie führt durch ein Naturschutzgebiet zu dem zwischen steilen Felswänden eingebetteten, tiefblauen Gewässer. Unterwegs bietet sich die Vilsalpe zur Einkehr an. Der Pkw-Verkehr zum Vilsalpsee ist tagsüber verboten, es fährt jedoch ein Bus ab Tannheim.

Internationales Ballonfestival Tannheimer Tal
www.ballonfestival-tannheimertal.de
Jedes Jahr Mitte/Ende Januar treffen sich Ballonfahrer aus aller Welt im Tannheimer Tal zum internationalen Ballonfestival. Bei den Wettfahrten schweben Dutzende Ballone gleichzeitig über Schneewiesen und entlang schneebedeckter Hänge. Besonders spektakulär ist das Ballonglühen, das an zwei Abenden während des Festivals stattfindet.

Zugspitz Arena → C/D3–5
Die Gemeinden Ehrwald, Lermoos, Berwang, Biberwier, Heiterwang, Bichlbach und Namlos haben sich zur Tourismusregion Tiroler Zugspitz Arena zusammen-

Restaurant
Tannheimer Stube Hohenfels

Tannheim, Tirol

Urlaub mit Nutzwert. Die Küche der Tannheimer Stube gibt ihre besten Tipps und Rezepte preis. Gäste erfahren während ihres Aufenthalts, wie sie das – an ihrem Wohnort, wohlgemerkt – mit den frischen Zutaten

regeln können, wie ein guter Lebensmitteleinkauf funktioniert, Nudeln und Teigwaren selbst zubereitet werden und wie man ein Vier-Gänge-Menü plant.

Spitzenköche haben die Küche der lichtdurchfluteten »Tannheimer Stube« mit dem hell getäfelten Holz schon seit geraumer Zeit geprägt, was den überregionalen Ruf gefestigt hat.

Für eine aromaintensive mediterrane Küche aus lokalen Zutaten vom Tannheimer Tal sorgte ab 2009 Raffaelle Cannizzaro, seinerzeit mit einem Michelin-Stern und drei Gault-Millau-Hauben gekrönt. Er brachte das Feinschmeckerrestaurant nach dem Motto »Das Produkt, nicht der Koch ist der Star in der Küche« auf ein hohes Niveau.

Seit seinem Amtsantritt 2013 ergänzt Chefkoch Markus Pichler mit seiner »Brigade« das nach wie vor beliebte Angebot der leichten mediterranen Küche durch seine kreativen Interpretationen österreichischer und internationaler Gerichte nach dem Motto »Österreich trifft Mittelmeer«. Gekocht wird ausschließlich mit regionalen Zutaten aus der Umgebung. Drei Hauben und 17 Punkte bei Gault Millau sind ein deutliches Zeichen für gehobene Kulinarik, sogar noch mit Tendenz weiter nach oben.

Das Tannheimer Tal ist ein idyllisch gelegenes Hochtal an der Grenze zwischen Bayern und Tirol. An seiner schönsten Stelle, auf einer kleinen Anhöhe und umrahmt von Wiesen, thront das Landhotel Hohenfels.

Tannheimer Stube im Landhotel Hohenfels.

Dessen »Tannheimer Stube« gehört zu den besten Tiroler Restaurants, ein Ort für Anhänger anspruchsvoller Küche.

Das Landhotel bietet seinen Gästen neben dem hervorragenden Restaurant geführte Wanderungen, Wellnessbehandlungen und familiäre Betreuung.

Info: Tannheim liegt ca. 120 km nordwestlich von Innsbruck nahe der deutschen Grenze zum Allgäu. **Info Restaurant Tannheimer Stube Hohenfels:** Kreuzgasse 8, 6675 Tannheim, Tel. (056 75) 62 86, www.hohenfels. at, Öffnungszeiten Do–So 18.30–23 Uhr, Übernachtungsgäste können auch an den Ruhetagen in der Tannheimer Stube essen, Reservierung empfohlen, Preise auf Anfrage.

Mit der Zugspitzbahn hinauf auf Deutschlands höchsten Berg

geschlossen. **Ehrwald** ➡ C5 (2600 Einwohner) ist der größte Ort des Gebiets und auch der bekannteste, denn von hier geht es mit der Bergbahn hinauf auf den Gipfel des mit 2962 Metern höchsten deutschen Bergs. Oben angekommen, kann man das deutsche oder das österreichische Gipfelhaus (mit herrlichen Sonnenterrassen) besuchen. In die Erlebniswelt in der Bergstation, die Geschichten rund um die Zugspitze erzählt, hat man mit dem Bahnticket freien Eintritt. Für Ski-Fans bietet die Tiroler Zugspitz Arena in den sieben Skigebieten 56 Bergbahnen und 142 Pistenkilometer. Im Sommer lockt die Region mit einer großen Vielfalt an Wanderrouten. Ein lohnendes Ausflugsziel ist die Aussichtsplattform **Tuftlalm** ➡ C5. Aus einer Höhe von knapp 1500 Metern hat man von hier einen weiten Ausblick auf Lermoos, Ehrwald und die Zugspitze.

ℹ️ **Tourismusverband Ehrwald-Zugspitze** ➡ C5
Kirchplatz 1, 6632 Ehrwald
✆ (056 73) 20 00 02 08, www.zugspitzarena.com
Mo–Fr 8.30–17, Sa 9–12 Uhr, im Winter länger

🚠 **Tiroler Zugspitzbahn** ➡ C5
Obermoos 1, Ehrwald
✆ (056 73) 23 09, www.zugspitze.at
Tägl. 8.40–16.40 Uhr, Mai/Juni und Okt./Nov. nur bei guter Witterung, Revisionszeiten online
Berg- und Talfahrt € 48/29, Bergfahrt € 31/19

Die Zugspitz Arena lockt im Sommer mit Wanderrouten und Seen

Sonnenwendfeuer in Lermoos

⚐ Kletterhalle EhrWALLd ➡ C5

Ehrwalder Erschliessung, Hauptstr. 21, Ehrwald
✆ (056 73) 211 93, www.ehrwalder-eg.at/klettern
Mo–Fr 14–22, Sa/So 10–22 Uhr
Bevor man sein Können in freier Natur testet, kann man in der neuen Kletterhalle in Ehrwald trainieren.

⚐ Bergfeuer Ehrwald ➡ C5

https://bergfeuer.at
Zur Sommersonnenwende findet in Ehrwald ein ganz besonderes Spektakel satt. Dann werden in den Abendstunden an den Berghängen Hunderte Feuer entzündet, die brennende Bilder in die Berglandschaft zaubern. Egal ob Kreuze, Hirsche oder Herzen – die Vielfalt der Motive scheint unendlich. Damit alles funktioniert, werden schon Wochen vorher bis zu 700 Säcke, gefüllt mit Sägemehl und Rapsöl, hoch auf die Berge geschleppt und dort so angeordnet, dass sie, einmal entzündet, lodernde Feuerbilder ergeben. Seit 2010 gehört das Bergfeuer Ehrwald sogar zum immateriellen Welterbe.

⚐ Einscheller in Ehrwald ➡ C5

Anfang Januar sind in Ehrwald die Einscheller mit ihren bunt bemalten und teilweise furchterregenden Holzmasken unterwegs, um den Winter zu vertreiben. An der Spitze des Zuges läuft der »Ziegenbock«. Sein Kostüm wird traditionell im Stall gelagert, damit es auch wirklich nach Ziege riecht.

Steinböcke in der Nähe der Memminger Hütte bei Zams

Westtirol/Tiroler Oberland

Landschaftlich besticht Westtirol durch imposante Berge, schneebedeckte Dreitausender, berühmte Gletscher, geheimnisvolle Weiher und Seen sowie namhafte Täler – so das Ötztal und das Stubaital. Wander- und Skigebiete bieten ungezählte Möglichkeiten, die faszinierende Bergwelt zu entdecken, sei es mit Hilfe von Bergbahnen oder einfach zu Fuß ab Hotel. Für jeden Geschmack und jeden Anspruch gibt es den passenden Standort.

Zu den berühmtesten Orten der Region gehört **St. Anton am Arlberg** ➜ E2, wo vor über 100 Jahren Pionierarbeit in Sachen Wintersport geleistet wurde. Turbulent geht es in der Ski-Hochburg **Sölden** ➜ F5 im Ötztal zu. Hier trumpft man auf mit spektakulären Locations, die auch schon die Macher von James Bond überzeugen konnten. Stillere Orte mit sanften Tourismuskonzepten liegen vor allem am Ende der Täler, so das Gebirgsdorf **Vent** ➜ G5.

Als Zeugnisse einer bewegten Geschichte thronen im **Oberinntal** Schlösser und Burgen auf schroffen Felsen, z. B. **Schloss Landeck** ➜ E3 an der Via Claudia Augusta, **Burg Berneck** ➜ F4 oder die **Burgruine Kronburg** ➜ E3 bei Zams. Brauchtum wird in dieser Gegend bis heute gepflegt, vor allem mit skurrilen Fastnachtsumzügen in **Imst**, **Telfs** und vielen anderen Orten. Und wenn es um den leiblichen Genuss geht, kommt man hier an Knödeln in allen Variationen und an edlen Bränden – etwa im Brennereidorf **Stanz** ➡ E3 – nicht vorbei.

Oberinntal ➡ E–G3/4

Die Ferienregion Oberinntal erstreckt sich von Landeck bis zur italienischen und Schweizer Grenze. Hauptort ist **Landeck** ➡ E3, eine beschauliche 8000-Einwohner-Stadt, die kulturell einiges zu bieten hat. Auf Schloss Landeck finden regelmäßig Konzerte, Open-Air-Kino sowie kulinarische Events statt und zudem beherbergt es ein sehenswertes Museum. Generell aber geht es im Oberinntal deutlich geruhsamer zu als in den touristischen Hochburgen Tirols wie Kitzbühel, Sölden oder Mayrhofen.

Den Charakter des Oberinntals prägen Orte wie **Fendels** ➡ F4, eine der kleinsten Gemeinden Tirols – und lange Zeit eine der abgelegensten. Bis weit ins 20. Jahrhundert hinein ließ sich das Bergdorf nur zu Fuß oder über eine Seilbahn erreichen, erst seit 1959 ist Fendels an das Straßennetz angeschlossen. Heute setzt man hier auf sanften Tourismus. Als malerischer, kleiner Ferienort sticht auch **Tösens** ➡ F3 mit seinem prächtig ausgemalten St.-Georgs-Kirchlein hervor, ebenso **Tobadill** ➡ E3, das von Wiesen und Wäldern umgeben am Eingang zum Paznauntal liegt.

Outdoor-Fans bieten sich in dieser Gegend schier unendliche Möglichkeiten: Wanderwege und Skigebiete führen weit in die länderübergreifende Bergwelt hinein. Skibusse verbinden Ferienorte mit kleineren und großen Skigebieten. Beliebt bei Familien mit kleineren Kindern ist das Skigebiet **Fendels-Ried-Prutz** mit seinen zehneinhalb Pistenkilometern. Mit einem »Großraum-Skipass« können Urlauber aber auch die Skigebiete **Venet**, **Kaunertaler Gletscher** sowie **Serfaus-Fiss-Ladis** nutzen. Vom kleinen **Tobadill** aus lassen sich bekannte Skigebiete wie St. Anton am Arlberg und Ischgl gut erreichen.

Direkt am Reschenpass liegt **Nauders** ➡ G3 im Dreiländereck Österreich/Italien/Schweiz, das hauseigene Skigebiet Bergkastel führt bis auf 2800 Meter hinauf. Weil man hier länderübergreifend gemeinsame Sache macht, können sich Wintersportler über 211 Pistenkilometer auf Tiroler und Südtiroler Seite freuen.

Skikünstler im Skigebiet von Serfaus

WANDERGEBIET KOMPERDELL

Serfaus-Fiss-Ladis, Tirol

D as Tiroler Sonnenplateau ist eine der schönsten Regionen Österreichs. Es liegt auf einer flach nach Süden hin abfallenden Terrasse am Fuß der Samnaungruppe mit hoher jährlicher Sonneneinstrahlung. Im Sommer wird auf diesem Abhang gewandert, im Winter reisen Touristen mit Skiern oder Snowboard an oder mieten diese vor Ort. Komperdell, das Wander- und Skigebiet von Serfaus-Fiss-Ladis, erstreckt sich von 1200 bis auf 3000 Meter Höhe. Insgesamt gibt es 214 Pistenkilometer mit 70 Pistenanlagen, zusätzlich werden weitere 85 Kilometer künstlich beschneit. Pro Stunde können die Bergbahnen 90 000 Personen befördern. Langläufern stehen 30 Kilometer präparierte Loipen zur Verfügung, außerdem sind drei Rodelbahnen und 70 Kilometer gespurte Wanderwege abseits der Pisten vorhanden. Der Familientourismus erreicht in den drei Gemeinden Spitzenwerte.

Schon im 19. Jahrhundert kamen Sommerfrischler in die rätoromanischen Haufendörfer, deren Bauweise heute aufgelockerter ist. Die ersten Siedler in dieser sonnenverwöhnten Gegend waren bereits in der Bronzezeit da, es gibt entsprechende Funde. Serfaus wurde im 11. Jahrhundert erstmals erwähnt, es ist einer der ältesten Marienwallfahrtsorte in Tirol. In der alten Pfarrkirche St. Georgen können Besucher ein Gnadenbild der thronenden Madonna mit dem Kind (12. Jahrhundert) betrachten, es war einst Teil eines Reliquienbehälters.

Fiss und Ladis besitzen keine bemerkenswerten Hinterlassenschaften der Vergangenheit, trotzdem gleichen sie kostbaren Perlen. Rings um die beiden Orte lagert sich schönste Bergnatur, in jeder Jahreszeit anders gefärbt. Besucher bewegen sich über duftende Wiesenböden, wandern auf Almen und zu anderen lauschigen Plätzen.

Urlaubsregion Komperdell.

Besonders Familien machen die vielen Stunden an der frischen Luft Spaß. Eine besondere Attraktion für jüngere Gäste ist das Murmliwasser: Auf dem großen Wasser- und Abenteuerspielplatz an einem Wildbach können Kinder klettern, im Sand spielen und natürlich plantschen. Auch den namensgebenden Murmeltieren kann man in einem Gehege einen Besuch abstatten.

Aktivurlauber kommen ebenso auf ihre Kosten: Der Mountainbike-Tourismus ist gut entwickelt, es gibt River-Rafting am grünen Inn, Canyoning, Tandem-Paragliden und andere Aktivitäten. Hier kann man seinen Urlaub abwechslungsreich gestalten.

INFO: Die Region Serfaus-Fiss-Ladis liegt ca. 95 km westlich von Innsbruck im Grenzgebiet zur Schweiz. **INFO SERFAUS-FISS-LADIS:** Untere Gänsackerweg 2, 6534 Serfaus, Tel. (054 76) 62 39, www.serfaus-fiss-ladis.at.

Über Rodelbahnen verfügt nahezu jede Feriengemeinde im Oberinntal, vielerorts lädt man auch zum Nachtrodeln ein. Kajak-Fans, Gleitschirmflieger und Mountainbiker finden im Oberinntal ebenfalls eine ausgezeichnete Infrastruktur für ihren Sport.

ℹ Tourist Information ➡ E3
Tourismusverband TirolWest
Malser Str. 10, 6500 Landeck
✆ (054 42) 656 00, www.tirolwest.at
Mo–Fr 8.30–12 und 14–17 Uhr

ℹ Tourist Information ➡ F4
Tourismusverband Tiroler Oberland
Kirchplatz 48, 6531 Ried im Oberinntal
✆ (050) 22 51 00, www.tiroler-oberland.com
Mo–Fr 8–12 und 14–18, Sa 15–18 Uhr

🏛👁🐾♫ Schloss Landeck ➡ E3
Schlossweg 2, Landeck
✆ (054 42) 632 02,www.schlosslandeck.at
Ende April–Ende Okt. tägl. 10–17 Uhr
Eintritt € 8/4, bis 6 J. frei
Die Ursprünge der Burg reichen bis ins 13. Jh. zurück; im Laufe seiner Geschichte diente Schloss Landeck als Verwaltungssitz, Spital, Kaserne und Quartier für die Arbeiter einer nahe gelegenen Karbidfabrik. Heute beherbergt es ein sehenswertes Museum, das sich mit der Tiroler Sozialgeschichte befasst, Themen sind unter anderem Armut und Kinderarbeit sowie das Kapitel der »Schwabenkinder«. Die Schlossgalerie präsentiert Arbeiten regionaler und internationaler zeitgenössischer Künstler. Zudem dient das Schloss als Veranstaltungsort.

👁 Burg Berneck ➡ F4
Burggasse 1, Kauns
✆ (0664) 75 05 31 79, www.kaunertal.com
Führungen Juli/Aug. Do/Fr 10 und 11, Juni, Sept. Sa 10 und 11 Uhr, Eintritt € 7
Hoch über der Gemeinde Kauns, am Eingang zum Kaunertal, thront auf 1076 m Seehöhe Burg Berneck. Strategische Bedeutung hatte die Anlage vermutlich nie, war jedoch ein guter Standort für adliges Jagdvergnü-

Die Höhenburg Schloss Landeck thront über dem gleichnamigen Ort

Das Naturparkhaus Kaunergrat ist Besucherzentrum und Museum zugleich

gen. 1970 erwarb ein Innsbrucker Architekt das verfallene Anwesen und ließ es von Grund auf restaurieren.

4 Mieminger Plateau ➡ D5
Tourist Information: Obermieming 185, 6414 Mieming, www.innsbruck.info/destination/orte/mieming.html
Weiter in Richtung Innsbruck lockt oberhalb des Inntals auf 850 bis 1000 m Höhe diese sonnenverwöhnte Mittelgebirgsterrasse. Das Landschaftsschutzgebiet ist ideal für leichte Wanderungen und bekannt als ehemalige Kulisse der Fernsehserie »Der Bergdoktor«.

Eisklettern im Kaunertal

Naturpark Kaunergrat ➡ E–G3–5
Naturparkhaus Kaunergrat
Gachenblick 100, 6521 Fließ
✆ (054 49) 63 04, www.kaunergrat.at
Vom Oberen Inntal bis hinauf in die Ötztaler Alpen vereint der 590 Quadratkilometer große Naturpark Kaunergrat sehenswerte Natur- und Kulturlandschaften. Zahlreiche Wanderwege führen z. B. auf die Aifner Alm, die Aifner Spitze, die Pillerhöhe, zum Gacher Blick oder nach Falpaus. In den oberen Höhenlagen sind Steinbockherden unterwegs, bisweilen kreuzen Gämsen oder Murmeltiere den Weg. Am Eingang zum Naturpark gibt das Naturparkhaus Kaunergrat mit einer gut gemachten Ausstellung multimediale Einblicke in die Natur der unterschiedlichen alpinen Höhenlagen. Von hier führt ein schöner Wanderweg zur Gogles Alm (s. u.).

Eiszeit im Sommer

GLETSCHERWANDERN IM KAUNERTAL

Tirol

Das Wasser ist voller gestoßener Eisstücke wie ein Caipirinha im Glas. Der Faggenbach strömt aus dem Gepatschferner, dem zweitgrößten Gletscher der Ostalpen. Er ist acht Kilometer lang, sein ewiges Eis ist aufgrund der Klimaerwärmung an der Oberfläche erodiert, aber darunter liegt noch eine kompakte Eismasse.

Im Kaunertal, einem 28 Kilometer langen Seitental des Oberinn, herrscht nach wie vor auch im Sommer Eiszeit. Deshalb werden in dieser Jahreszeit kostenlos geführte Gletscherwanderungen angeboten, die Menschen zur Ehrfurcht vor der majestätischen Gebirgsnatur bringen. Am Montag und Mittwoch treffen sich gebuchte Teilnehmer am späten Vormittag beim Bergrestaurant auf 2750 Metern Höhe. Mit ihren Gästen erklimmen die Bergführer Eisbrüche und Gletscherzungen, zeigen ihnen Gletscherspalten und Eiswände. Eine Welt, die im Jahresrhythmus ständig in Bewegung ist, aber nur Kenner sehen die Veränderungen. Auch über die Tiere und die Pflanzenwelt ist vieles zu erfahren. Wer eine noch ausgedehntere Gletscher-Safari möchte, kann sie individuell buchen – in diesem Fall richten sich die Preise nach der Gruppengröße. Die Teilnehmer sind – mit ausreichendem Abstand – aneinandergeseilt, Steigeisen und Klettergurte müssen mitgeführt werden. Die 26 Kilometer lange Gletscherstraße gehört zu den schönsten der Alpen, sie führt durch mehrere Klima- und Vegetationszonen. Dabei wird ein großer Höhenunterschied überwunden, für die gesamte Strecke werden zwei bis drei Tage benötigt. Das ist anstrengend, aber unvergesslich.

Acht Kilometer hinter dem Dorf Feichten schiebt sich eine 630 Meter lange und 130 Meter

Der zweitgrößte Gletscher Österreichs: der Gepatschferner.

hohe Staumauer ins Bild; der Gepatsch-Speicher wird vom Gepatschferner gespeist. Am sechs Kilometer langen Stausee geht es über eine schmale Straße bis zur Gepatsch-Alm am Talende. Die Gletscher-Panoramastraße führt bis auf eine Höhe von 2750 Metern, dort wartet ein Gletscher-Restaurant. Mit einem Sessellift kann man auf 3010 Meter fahren, zur Karlesspitze hinaufwandern und von dort über Österreich hinweg nach Italien und in die Schweiz blicken.

INFO: Das Kaunertal liegt ca. 90 südwestlich von Innsbruck als Seitental des Inntals an der Strecke Landeck-Reschenpass. **INFO KAUNERTAL:** Tourismusverband Kaunertal, Feichten 134, 6524 Kaunertal, Tel. (050) 22 52 00, www.kaunertal.com.

Venet-Massiv ➧ E3/4
Venet-Bergbahn, Hauptstr. 38, Zams
℗ (054 42) 626 63, www.venet.at
Am Schnittpunkt zwischen Inntal, Pitztal und Kaunertal bietet das Venet-Massiv Panoramagipfel mit Blick über die Nördlichen Kalkalpen bis zur Silvretta und den Ötztaler Alpen. Dank der Bergbahn geht es ohne große Mühen hinauf: Von der Bergstation sind es weniger als 500 Höhenmeter bis zum Hauptgipfel, der Glanderspitze. Von dort kann man weiter zum Nachbargipfel Kreuzjoch wandern. Die Venet Bobbahn sorgt für Adrenalinschübe und Achterbahngefühle, mitfahren dürfen Kinder ab vier Jahren in Begleitung und ab 130 cm Körpergröße im eigenen Bob (pro Fahrt € 6/3). Im Winter präsentiert sich das Venet-Massiv als vielfältiges Skigebiet.

Zammer Lochputz ➧ E3
Lötz, Zams
℗ (0664) 585 90 89, www.zammer-lochputz.at
Zugang Mitte Mai–Mitte Sept. tägl. 10–17.30, Anfang Mai–Mitte Mai und Mitte Sept.–Ende Okt. Fr–So 10–17 Uhr, Weihnachten bis Ende Feb. Mi 19.30–21 Uhr Abendführungen (Anmeldung nicht erforderlich) Eintritt im Sommer € 4,50/3,50, Winterführungen € 3,50/2,50, bis 6 J. frei

Blick vom Hohen Aifner

Aifner Alm auf dem Kaunerberg

Nahe Zams überrascht eine enge, tief in den Felsen eingeschnittene Klamm. Ein Netz aus Stegen, Brücken und Hängebrücken führt über die tosenden Wassermassen (rutschfestes Schuhwerk erforderlich!) zur Hauptattraktion, dem 30 m hohen Wasserfall. An dieser Stelle ragt der »Lochputz« auf, ein sagenumwobener Felsen, dem die Klamm ihren Namen verdankt. Im »Römerturm« wird die Lochputz-Sage in einer Multimediashow erzählt. Um technische Fakten geht es in einem der ältesten Tiroler Wasserkraftwerke – heute ein Schaukraftwerk – am Eingang der Klamm.

Gogles Alm/Schausennerei ➜ E4
Naturpark Kaunergrat, Kaunerberg
☎ (0660) 549 90 84
www.gogles-alm.at
Restaurant im Sommer tägl. geöffnet, sonst Mo/Di und teilweise auch Mi/Do geschl.
Sennereiführung mit Verkostung Mitte Juni–Anfang Sept. (Termin vorher erfragen), Eintritt € 5/3
Als Wanderziel und Einkehrmöglichkeit (vom Gault Millau ausgezeichnet) empfiehlt sich die ganzjährig geöffnete Gogles Alm auf 2017 m Seehöhe. Im Sommer weiden hier über 80 Kühe, in der Schausennerei kann man zusehen, wie aus Milch Butter und Käse werden. Im Winter mit Rodelbahn. Man erreicht die Alm zu Fuß ab Fließ (Wanderung von ca. 3 Std., über Waldweiher) oder mit dem Auto auf einer öffentlichen Straße. €

Brennereidorf Stanz ➜ E3
Infos Gemeinde Stanz: ☎ (0676) 535 00 53

*Schabernack auf den
Straßen von Imst*

Stanz bei Landeck ist eines der höchstgelegenen Obstanbaugebiete Europas. Aus dem Obst werden hier u. a. Edelbrände hergestellt. Mit mehr als 50 Brennereien bei gerade mal 150 Haushalten weist der Ort eine erstaunliche Destillen-Dichte auf, zwölf Brennereien laden zu Verkostungen ein – und verkaufen die zum Teil preisgekrönten Brände.

🎭 Kathrein Rodel ➧ F4
Gießenstr. 7, 6522 Prutz
✆ (05 472) 63 07, www.rodel.at
Mo–Fr 7–12 und 13–17, Sa 8–12 Uhr
Hochwertige Rodelschlitten in unterschiedlichen Größen und Ausführungen werden im Familienbetrieb Kathrein gefertigt und in alle Welt verschickt. Das Wunschmodel kann man auch online figurieren und bestellen.

🎭 Imster Schemenlauf ➧ D4
Alle vier Jahre (nächstes Mal 2024) feiert die Stadt Imst Fastnacht mit dem großen Schemenlauf. Rund 900 mystische Figuren bestimmen dann stundenlang das Geschehen auf den Straßen und treiben mit den Schaulustigen (ein wenig) Schabernack.

🎭 Schafsschoad Pfunds ➧ F3
Nicht nur Kühe, auch Schafe kehren im September von den Almen ins Tal zurück. In Pfunds feiert man aus diesem Anlass ein großes Fest, bei dem die Schafe geschoren werden.

PITZTAL

Tirol

Wie wäre es mit einem Bungee-Sprung? Von der Pitzenklamm, Europas höchster Fußgängerbrücke, ist er möglich. Doch der Fall ist tief. Die 137,5 Meter lange Brücke erreicht immerhin eine Höhe von 94 Metern.

Wer je auf einem Zehn-Meter-Turm über dem Wasserbecken stand, weiß, dass mancher Absprung viel Überwindung kostet.

Das Pitztal ist ein 40 Kilometer langes, südliches Seitental des Inntals, bei Imst zweigt es ab. Seinen Namen hat es vom Pitzbach, den die Einheimischen *Pitze* nennen. Die Landschaft ist erst geöffnet, verengt sich aber südwärts zunehmend und verläuft parallel zum Kaunertal und Ötztal. Weil das Tal den Gebirgsstock der Ötztaler Alpen durchbricht, das sogenannte

Almhütte bei Imst im Pitztal.

Ötztalkristallin, besteht es großteils aus Gneisgesteinen, die bei der Alpenbildung aus anderen Gesteinen umgewandelt wurden. Durch den Alpenhauptkamm ist es gegen massive Luftmassenströmungen geschützt und gehört deshalb zu den niederschlagsärmsten Gebieten Tirols überhaupt.

Auf der Piller Höhe wurde in den 1990er Jahren ein prähistorisches Heiligtum entdeckt; demnach war das Pitztal bereits in der Bronzezeit besiedelt. Den Breonen, wie die frühen Einwohner hießen, folgten Römer, Bajuwaren, Alemannen und 1363 die Habsburger. Chroniken berichten vom harten Leben der Menschen, die als Ackerbauern auf kleinen Feldern und mit

Viehwirtschaft auf Almen überlebten und horrende Naturalienabgaben an ihre Feudalherren leisten mussten. Erst der im späten 19. Jahrhundert einsetzende Alpintourismus brachte einen bescheidenen Wohlstand. Heute bietet das Pitztal drei Skigebiete. Eines davon, der Pitztaler Gletscher, ist Österreichs höchstes Gletscherskigebiet und führt bis auf 3440 Meter.

Dort ist die Luft dünn, man sollte sich anfangs langsam bewegen, damit der Organismus sich an die Sauerstoffverhältnisse anpassen kann. Größtes Gewässer ist der Rifflsee; der ein Kilometer lange See befindet sich auf 2200 Metern Höhe. Der Hauptort St. Leonhard befindet sich im inneren Pitztal, dort liegen Weiler und Gehöfte in extremen Hanglagen. An den Bergflanken ist das Klima rau, die Vegetationsperiode geht nie über vier Monate hinaus, manche Schluchten sind düster. Die Alpen sind nicht immer lieblich.

INFO: Das Pitztal ist ein Seitental des Inntals, Wenns im Pitztal liegt ca. 75 km westlich von Innsbruck. **INFO PITZTAL:** Tourismusverband Pitztal, Unterdorf 18, 6473 Wenns im Pitztal, Tel. (054 14) 869 99 19, www. pitztal.com.

Ötztal ➡ E–G5

Das Ötztal ist mit 55 Kilometern das längste der Tiroler Hochgebirgstäler und beherbergt die fünf Gemeinden Sautens, Oetz, Umhausen, Längenfeld und Sölden. Touristen finden hier eine hervorragende Infrastruktur, was auch daran liegen mag, dass der Bergtourismus in diesem Tal früher begann als anderswo. Franz Senn, Pfarrer und Mitbegründer des Alpenvereins, erkannte schon Mitte des 19. Jahrhunderts die Chance, die das Geschäft mit der Sommerfrische den bitterarmen Bergbauern bot. Senn – selbst begeisterter Bergsteiger – bildete um 1860 Bauern zu Bergführern aus, animierte die Einheimischen, Wanderwege anzulegen und in ihren Häusern Quartiere für Feriengäste einzurichten.

Heute gehört **Sölden** ➡ F5 (vgl. S. 93 ff.) im Ötztal mit mehr als zwei Millionen Übernachtungen im Jahr zu den meistbesuchten Urlaubsorten Österreichs. Mit den Freizeitzentren **Winterwelt** und **Gletscherwelt** vermarktet sich die Umgebung als riesiger Freizeitpark. Beliebte Ferienorte sind auch **Oetz** ➡ E5 mit seinen kunstvoll bemalten Häusern, **Längenfeld** ➡ F5 mit der Bade- und Wellnesslandschaft Aqua Dome und **Umhausen** ➡ E5, die älteste Siedlung des Tals. Rund drei Kilometer südöstlich von Umhausen ergießt sich der **Stuibenfall**, Tirols höchster Wasserfall, 160 Meter in die Tiefe.

Ein »Botschafter« der Ötztaler Alpen ist der berühmte Ötzi, eine mumifizierte Leiche aus der Jungsteinzeit, die 1991 in diesem Gebiet von einem deutschen Bergsteiger-Ehepaar gefunden wurde. Da Ötzi aber 90 Meter hinter der österreichischen Grenze auf italienischem Gebiet entdeckt wurde, wird er heute im Archäologiemuseum von Bozen aufbewahrt. Dafür hat man in Umhausen ein **Ötzi-Dorf** errichtet, in dem sich alles um das Leben in der Jungsteinzeit dreht.

Bergpanorama der Ötztaler Alpen

ℹ **Ötztal Tourismus** ➡ F5
Gemeindestr. 4, 6450 Sölden
✆ (057) 20 00, www.oetztal.com
Mo–Sa 8–12 und 13–18, So 9–12 und 15–18 Uhr

◉🏔🦅🎿 **Ötzi-Dorf und Greifvogelpark** ➡ E5
Am Tauferberg 8, Umhausen
✆ (052 55) 500 22
www.oetzi-dorf.at

ÖTZTAL

Tirol

Man schrieb den 19. September 1991, als ein deutsches Touristenpaar in den Ötztaler Alpen einen spektakulären Fund machte: Im Eis des Similaungletschers entdeckten die Bergsteiger eine mumifizierte Leiche – den »Ötzi«, einen Jäger aus der Jungsteinzeit. Wie sich bei der Radiokarbon-Datierung herausstellte, hatte der Mann rund 3000 Jahre vor unserer Zeitrechnung gelebt, bevor er starb und samt Bogen und einem mit Pfeilen bestückten Fellköcher vom Gletschereis begraben wurde.

Die bestens konservierte Mumie machte das Ötztal auf einen Schlag weltberühmt. Den Ötzi mussten die Tiroler nach langem Gezerre an Italien abgeben, weil die Fundstelle bereits auf Südtiroler Gebiet lag. Am Fundort erinnert ein Denkmal an das eisige Mumiengrab. Bergsteiger gelangen ab dem Ötztaler Bergdorf Vent über die Sililaunhütte in drei bis vier Stunden dorthin, was allerdings Kondition und bergsteigerisches Können voraussetzt. Das Ötzi-Dorf in der Ötztal-Gemeinde Umhausen, etwa zehn Kilometer südlich vom Hauptort Oetz gelegen, lässt sich dagegen ganz bequem mit dem Auto erreichen. In dem unter wissenschaftlicher Leitung der Universität Innsbruck eingerichteten archäologischen Freizeitpark kann man eintauchen in das Leben der Jungsteinzeit.

Aber auch jenseits der Ötzi-Reminiszenzen hat das 65 Kilometer lange Seitental des Inntals viel zu bieten. Da lockt z. B. der Stuibenfall, mit einer Höhe von 159 Metern der höchste Wasserfall Tirols. Drei riesige Wasserschalen, auf Stelzen gestellt, laden im Aqua Dome in Längenfeld, Tirols größter Thermenlandschaft, zum entspannten Plantschen vor grandioser Alpenkulisse ein. Dass es im Ötztal hervorragende Wintersportreviere gibt, hat sich herumgesprochen – dabei kann man sich auf

Aqua Dome Längenfeld: Wellnessoase im Ötztal vor grandioser Alpenkulisse.

unterschiedlichsten Abfahrtpisten tummeln. Muss man aber nicht. Rodeln ist eine veritable Alternative – oder auch Eisklettern auf gefrorenen Wasserfällen.

INFO: Das Ötztal liegt zwischen den Stubaier und den Ötztaler Alpen. **INFO OETZTAL:** Ötztal Marketing, Oberlängenfeld 75, 6444 Längenfeld, Tel. (052 53) 201 30, www.oetztal.at. **INFO OETZ:** Der Hauptort des Ötztals liegt 52 km westlich von Innsbruck. **INFO ÖTZI-DORF:** Am Tauferberg 8, 6441 Umhausen, Tel. (052 55) 500 22, www.oetzi-dorf.at, Öffnungszeiten Mai–Sept. tägl. 9.30–17.30, Okt. bis 17 Uhr, Eintritt € 9,30, Kinder € 4,50. **INFO AQUA DOME:** Oberlängenfeld 140, 6444 Längenfeld, Tel. (052 53) 6400, www.aqua-dome.at, Öffnungszeiten tägl. 9–23 Uhr, Tageskarte Therme € 32, Kinder € 20, Sauna zusätzlich € 15.

Die Wildspitze ist auch bei Bergsteigern beliebt

Ötzi-Dorf Mai–Sept. tägl. 9.30–17.30, Anfang Okt.– Ende Okt. tägl. 9.30–17 Uhr, Führungen um 10, 12, 13 und 15.30 Uhr, Eintritt € 9,30/4,50, bis 6 J. frei
Greifvogelpark Mai–Ende Okt. Mo–Sa 11–13 und 14–16, So 11–13 und 14–17 Uhr, Mai–Anfang Juni und Ende Sept.–Ende Okt. Mo geschl., Eintritt € 11,50/6,50, bis 6 J. frei, Kombikarte für beide Attraktionen € 16,70/8,50, Familienkarte € 41,90
Kinder und Erwachsene können im Ötzi-Dorf Techniken erlernen, die vor Tausenden von Jahren fürs Überleben wichtig waren, und alte Haustierrassen bestaunen. Spannend ist es auch, nebenan den Falknern bei ihrer Arbeit mit Greifvögeln zuzuschauen.

❺ 🏔🚡✈ Wildspitze ➜ G5

Der höchste Gipfel des Ötztals ist die Wildspitze (3774 m), die vor allem für ihre langen, verhältnismäßig leichten Skipisten bekannt ist. Sehr beliebt ist die **Abfahrt von der Wildspitze** über Hochsölden nach Sölden. Bergstei- ger begeistert der Gipfel natürlich auch – Söldens Berg- führer bieten Tagestouren für Konditionsstarke und Zweitagestouren für weniger trainierte Wanderfreaks an (www.bergfuehrer-soelden.com).

✖ Dorfstüberl ➜ E5

Dorfstr. 69, Sautens
✆ (052 52) 65 42, www.alt-oetztal.at
Do–So 16–22 Uhr
Wirtin Petronella setzt auf regionale Produkte und gibt den Klassikern der Tiroler Küche eine eigene, kreative

Im Sommer eine Schönheit: das Ötztal bei Längenfeld

Note. Von den Falstaff-Testern hochgelobt: Petronellas Ossobuco vom Tiroler Berglamm. €€–€€€

⌧ Mesner Stuben ➤ F5
Oberlängenfeld 24, Längenfeld
☎ (052 53) 202 30, www.mesnerstuben.at
Di–Fr 16–24, Sa 11.30–23.30, So 10.30–22.30 Uhr
In einem Bauernhaus aus dem 17. Jh. lässt es sich vortrefflich speisen – traditionelle österreichische Küche, die auch Feinschmecker überzeugt. Wie wäre es mit einem Duett vom Alpenrind? Vegetarier werden mit Pasta- und Knödelkreationen kulinarisch liebevoll umsorgt. €€

▥ Familie Braunegger – Ab Hof Verkauf ➤ E5
Piburg 4, Oetz
Mo–Sa 9–12 und 13–18, So 13–18 Uhr
Speck, Kaminwurzen, Sülze, Leberstreichwurst, Butter und Bienenhonig direkt vom Hof lohnen auf jeden Fall einen kleinen Umweg.

Paznauntal ➤ E/F1–3
Im äußersten Westen Tirols zweigt das hochalpine Paznauntal vom Oberinntal ab. Das schmale, 40 Kilometer lange Hochtal ist im Süden von den Dreitausendern der Samnaungruppe und der Silvretta umgeben und Wintersportlern wegen seiner Ski-Hotspots **Galtür** ➤ F1, **Kappl** ➤ F2 und vor allem **Ischgl** ➤ F2 ein Begriff. International bekannt wurde dieses ehemalige

Die Skilifte bei Ischgl bringen täglich Tausende Skifahrer zu den Abfahrten im Paznauntal

Bergbauerndorf durch sein Skigebiet Silvretta Arena, das Ischgl mit dem schweizerischen Samnaun verbindet. Gemeinsam bringt man es auf rund 240 Kilometer Piste, was die **Silvretta Arena** zu einem der größten und schneesichersten Skigebiete im Alpenraum macht. Das Saisonende feiert Ischgl mit einem Mega-Pop-Event. Im Sommer ist die Region nicht nur für Wanderer, sondern auch für Mountainbiker ausgesprochen attraktiv. Sie finden hier ein ausgedehntes Tourennetz. Mit Bergbahnen können sich die Biker zum Start gleich bis auf 2800 Meter Höhe befördern lassen. Jedes Jahr im August findet in Ischgl der härteste Mountainbike-Marathon Europas statt – der Ischgler Ironbike.

ℹ **Tourismusverband Paznaun-Ischgl** ➡ F2
Dorfstr. 43, 6561 Ischgl
✆ (050) 99 01 00, www.paznaun-ischgl.com
Mo–Fr 8–18, Sa im Winter 8–18.30, im Sommer 8–12, So im Winter 9–12 und 16–18, im Sommer 10–12 Uhr

🏛 **Seilbahnmuseum** ➡ F2
Dorfstr. 61, Ischgl
✆ (054 44) 606
Mi 16–19 Uhr, Eintritt frei
Im Probebetrieb war noch eine Gondel abgestürzt. 1963 aber konnte die Silvrettabahn den Betrieb aufnehmen und war damals die längste Seilbahn Österreichs. Wie

Ischgl im Paznauntal

Ischgl, Tirol

A licia Keys war hier und Kylie Minogue. Elton John saß am Klavier, Tina Turner röhrte, Mariah Carey trillerte und Rod Stewart sang vom Segeln. Auch Peter Gabriel, Sting, Pink, Rihanna und Robbie Williams waren da.

Warum dieses Popstar-Aufgebot im Hauptort des Paznauntals auf 1377 Metern Höhe? In jedem Winter gibt es drei »Top of the Mountain Concerts«, mit ihnen werden das Opening in der Zeit um Ostern, das Saison-Finale und der Saison-Ausklang gefeiert. Dann reisen internationale Stars mit großer Entourage an, in ihrem Gefolge Paparazzis, denn die Künstler gehen auch auf die Hänge und ins Nachtleben. Die Wintersaison beginnt Ende November und geht bis in den Mai.

Vom Bergbauerndorf zur mondänen »Alpen-Lifestyle-Metropole« (Eigenwerbung): eine unglaubliche Karriere. Ischgl – vom rätoromanischen »Yscla« – wurde vor etwa 1000 Jahren von Rätoromanen aus dem Engadin und ab dem 13. Jahrhundert von Walsern besiedelt. Schroffe Bergstämme, auf der Suche nach Sommerweideplätzen für ihr Vieh. Heute hat Ischgl knapp 1600 Einwohner, aber fast 11 000 Gästebetten. Es verzeichnet die höchste Dichte an Vier-Sterne-Hotels in ganz Österreich und ein vielfältiges Angebot an Restaurants, Bars, Shops und Events. Kein Ort für stille Einkehr.

Bekannt ist Ischgl durch sein Skigebiet, die Silvretta Arena, das es mit dem Schweizer Samnaun verbindet. Mit fast 240 Kilometer Pisten und 45 Liftanlagen ist es eines der größten und schneesichersten Skigebiete der Alpen. Doch die Gegend ist auch im Sommer interessant. Mountainbiker können die Bergbahnen nutzen und ihre abenteuerlichen Abfahrten in großer Höhe beginnen. Insgesamt stehen ihnen 1200 Kilometer Wege zur Verfügung, eines der

Bekannt für sein Skigebiet: die Silvretta Arena von Ischgl.

größten Gelände der Alpen für Zweiradbegeisterte. Auch Wanderer haben hier ihr Revier; schon Ende des 19. Jahrhunderts errichteten österreichische und deutsche Alpenvereine 18 Hütten.

Kulturfans finden mitten im Eventtourismus die Rokoko-Pfarrkirche, die ursprünglich spätgotisch war. Im Altar wird eine besondere Reliquie aufbewahrt, der um 1500 in Silber gefasste Knochen des heiligen Stephanus, der einst zum Reliquienschatz Karls des Großen gehört haben soll. Aus einer anderen, fernen Welt.

Info: Ischgl liegt ca. 102 km westlich von Innsbruck im Paznaun zwischen der Silvretta- und der Verwallgruppe. **Info Ischgl:** Tourismusverband Paznaun-Ischgl, Dorfstr. 43, 6561 Ischgl, Tel. (050) 99 01 00, www.ischgl.com.

sich die Seilbahntechnik im Laufe der Zeit verändert hat, zeigt das Museum der Silvrettaseilbahn AG. Neben einer alten Gondel aus den 1960er Jahren werden Fotografien und Gerätschaften aus der Pionierzeit des Skifahrens und des Wintertourismus gezeigt, außerdem alte Skimodelle, Schneeschuhe und Ausrüstungsgegenstände der Bergrettung. Abgerundet wird die Schau durch ein großes 3-D-Panorama der Silvretta Arena.

St. Anton am Arlberg ➡ E2

Rund 100 Kilometer westlich von Innsbruck liegt St. Anton am Arlberg auf 1284 Metern Höhe. Der 3000-Einwohner-Ort bezeichnet sich gern als Wiege des alpinen Skilaufs und beruft sich dabei auf die Gründung des Ski Clubs Arlberg im Jahre 1901 und die ersten Skirennen, die hier schon wenige Jahre später abgehalten wurden und die den rasanten Wintersport in aller Welt bekannt gemacht haben. 1907 trat ein gewisser Hannes Schneider, Schauspieler und Ski-Pionier, im Hotel Alte Post, dem ersten Haus am Platz, als Skilehrer an. Schneider hatte schon als 13-Jähriger eine neue Technik für den anfangs von vielen belächelten Brettsport entwickelt. Als Erster verlagerte er sein Gewicht in den Kurven, um die Skier zu lenken und mit rasanten Schwüngen gen Tal zu rasen. 1922 eröffnete das Wintersportidol eine eigene Skischule.

Blick auf St. Anton am Arlberg

SKIGEBIET ST. ANTON AM ARLBERG

St. Anton am Arlberg, Tirol

Hannes Schneider erfand hier einst die Abfahrtsskitechnik der sogenannten Arlbergschule, Stefan Kruckenhauser führte als Erster auf den steilen Hängen das Wedeln vor. Olympiasieger und Weltmeister im Wintersport wurden hier in Serie geboren, ein Ende ist nicht abzusehen. Denn der Arlberg, ein Gebirgsstock zwischen Vorarlberg und Tirol, hat trotz des Klimawandels immer noch eine gewisse Schneegarantie. Das höchste Massiv der Lechtaler Alpen (1793 m) mit dem steil aufragenden Valluga (2811 m) bildet nämlich die Wasserscheide zwischen Rhein und Donau und zugleich die Wetterscheide. Statistisch nachgewiesen fallen hier größere Schneemengen vom Himmel als anderswo. Deshalb entstanden eine Reihe beliebter Wintersportorte, die bekanntesten sind St. Anton, Lech, Zürs und Stuben. Die Berge der Verwallgruppe mit Silvretta, Klostertal, Stanzer Tal, Montafon und Paznauntal geben ein kompaktes Bild der Alpen ab, die Gipfel majestätisch, die Täler tief eingeschnitten.

Weit abgeschieden lebten die Menschen dort, als es die 1900 vollendete Passstraße noch nicht gab. Ihre Nachfahren profitieren heute von der Vielgestaltigkeit der Natur und den touristischen Möglichkeiten, die der Wintersport bietet. 305 Kilometer grandios breit gefächerte Pisten sind vorhanden – sie bilden eines der besten Skigebiete der Welt. Ein Klassiker auf der Zürs-Lech-Hälfte ist die rund 20 Kilometer lange Ski-Rundreise von Lech über Rüfikopf und Trittkopf nach Zürs und über Seekopf, Madloch und das Zuger Hochlicht zurück nach Lech: Ein Tagestraum in Weiß für Skifans.

Im informativen Ski- und Heimatmuseum von St. Anton, untergebracht in der romantischen Villa Trier auf 1284 Metern Höhe, wird die Geschichte der Erschließung der alpinen Orte

Freeriden in St. Anton am Arlberg.

und die Geschichte des Skisports dargestellt. Im Erdgeschoss des 1910 errichteten Landhauses kann im Restaurant gespeist werden. Am Abend ist viel los in der Fußgängerzone mit ihren zahlreichen Lokalen und Hotelbars.

INFO: St. Anton am Arlberg liegt ca. 90 km südöstlich von Bregenz. **INFO ST. ANTON AM ARLBERG:** Tourismusverband, Dorfstr. 8, 6580 St. Anton am Arlberg, Tel. (054 46) 226 90, www.stantonamarlberg.com. **INFO MUSEUM ST. ANTON:** Rudi-Matt-Weg 10, St. Anton am Arlberg, Tel. (055 46) 226 90, www.museum-stanton.com, Öffnungszeiten tägl. 12–18 Uhr, im Sommer Mo geschl., Eintritt € 5, ermäßigt € 3.

Die Zahl der Wintergäste stieg kontinuierlich, 1934 hatte St. Anton bereits rund 1000 Gästebetten anzubieten, 55 000 Übernachtungen wurden in jenem Winter gezählt. Nach Ende des Zweiten Weltkriegs wurde, wie überall in der Alpenregion, weiter in den Ausbau der Wintersportinfrastruktur investiert. Im Jahr 2001 war St. Anton Austragungsort der alpinen Ski-WM. Im Vorfeld des Großereignisses, das rund 350 000 Zuschauer anlockte, stockten etliche Hoteliers ihre Kapazitäten auf. Eine weitere Bergbahn – die Nassreinbahn – wurde gebaut.

Heute verfügt der Ort über 88 Liftanlagen, 305 Pistenkilometer und mehr als 11 000 Gästebetten. Dass der Tourismus als Heilmittel aus wirtschaftlicher Not mehr als willkommen war, wird verständlich, wenn man sich ein wenig mit der Geschichte der Region befasst. Dazu gehört das traurige Kapitel der »Schwabenkinder«. Weil die Bergbauern und Tagelöhner in dieser Gegend bettelarm waren, schickten sie ihre minderjährigen Kinder im Sommer über die Alpen in die relativ reiche Nachbarregion Schwaben. Auf Kindermärkten (u. a. in Ravensburg) wurden die kleinen Tiroler und Tirolerinnen, für die auf dieser Seite der Landesgrenze keine Schulpflicht bestand, als billige Saisonarbeitskräfte angeboten. Das »Schwabengehen« wird schon in Dokumenten aus dem 16./17. Jahrhundert erwähnt,

In St. Anton boomt der Ski-Tourismus

*Vom Hirschpleiskopf zum
Stanzertal bei St. Anton*

fand aber im 19. Jahrhundert seinen Höhepunkt. 1915
wurden die Kindermärkte abgeschafft, doch erst in den
1920er Jahren fand die Vermittlung der rechtlosen,
minderjährigen Arbeitskräfte ein Ende.

ℹ️ Tourist Information ➡ E2
Dorfstr. 8, 6580 St. Anton am Arlberg
☎ (054 46) 226 90, www.stantonamarlberg.com
Mo–Fr 8–17.30, Sa 9–18, So 9–12 und 13–16 Uhr
Info-Service-Center am Bahnhof tägl. 8.30–18 Uhr

🏛 ❌ Alte Nessler Thaja ➡ E2
Oberhalb von Pettneu am Arlberg, 200 m östlich der
neuen Nessler Alm
Juni–Sept. tägl. 10–17 Uhr, geführte Wanderungen ab
Pettneu Do 10.30 Uhr, ausgeschilderte Wanderwege,
Hin- und Rückweg ca. 3,5 Std.
Thaja stammt aus dem Rätoromanischen und steht für
Sennhütte. Die Nessler Thaja, die noch bis in die 1970er
bewirtschaftet wurde, gibt Einblicke in den Alltag der
Almbauern vergangener Zeiten. Filme, die im einstigen
Butterkeller der Hütte gezeigt werden, dokumentieren
das beschwerliche Leben der Sennerfamilien. Einkehren
kann man unweit in der neuen Nessler Alm.

🏛 ❌ Museum St. Anton am Arlberg ➡ E2
Rudi Matt Weg 10, St. Anton am Arlberg
☎ (054 46) 226 90, www.museum-stanton.com
Tägl. außer Mo 12–18 Uhr, Ende Nov.–Ende April auch
Mo, Eintritt € 5/3

Auch im Sommer ist St. Anton eine Augenweide

Die Villa Trier, ein imposantes Landhaus im Tiroler Stil, ließ sich um 1910 der deutsche Industrielle Bernhard Trier errichten. Heute beherbergt sie das Heimat- und Skimuseum, wirft mit einer Vielzahl von historischen Dokumenten Schlaglichter auf die Ortsgeschichte, u. a. den Bau der 1884 eröffneten Arlbergbahn mit dem Arlbergtunnel, der seinerzeit als Meisterwerk der Ingenieurskunst galt, und das traurige Kapitel der »Schwabenkinder«. Im Erdgeschoss, das noch von der ursprünglichen Aufteilung in Kaminhalle, Arbeitszimmer, Klavierzimmer und Bibliothek geprägt ist, findet sich heute ein feines Restaurant-Café. Am hauseigenen Forellenteich dürfen Gäste die Angel auswerfen.

✖ Hospiz Alm Restaurant ➡ E2
St. Christof 1, St. Anton am Arlberg
✆ (054 46) 26 11
www.arlberg1800resort.at
Warme Küche tägl. 10–21.30 Uhr
Vortrefflich speisen in rustikal-alpinem Ambiente – egal ob Ihnen der Sinn nach Wiener Schnitzel oder Hummerpasta steht: Die mit zwei Hauben ausgezeichnete Küche bietet Regionales und Mediterranes. €€€

🏔🚠 Arlberger Bergbahnen ➡ E2
Kandaharweg 9, St. Anton am Arlberg
✆ (054 46) 23 52-0, www.arlbergerbergbahnen.com
Ein Meilenstein war 1937 der Bau einer der ersten für den Winterbetrieb konzipierten Seilbahnen im Alpen-

Atemberaubende Höhen und spektakuläre Blicke bei der Fahrt mit der Vallugabahn

raum, der Galzigbahn. Nach gut 80 Jahren lockt die beliebte Tourismusdestination Gäste aus nah und fern. Ein unbestrittenes Highlight des Skigebietes ist die einmalige Bergkulisse, die man am besten von der auf 2811 m gelegenen Valluga genießt. Seit der seilbahntechnischen Verbindung des Skigebietes mit dem Gebiet Zürs/Lech stehen Wintersportlern 88 Bahnen und Lifte, 305 Skiabfahrtskilometer und 200 km Tiefschneeabfahrten zur Verfügung.

Seefeld ➡ D6

Seefeld liegt 17 Kilometer nordwestlich von Innsbruck und nur wenige Kilometer von der deutschen Grenze entfernt auf einer Hochebene zwischen Wettersteingebirge und Karwendel. Bereits im Mittelalter war der Ort eine Station an einer wichtigen Handelsstraße, die die Fuggerstadt Augsburg mit Venedig verband. Auch die Via Imperii zwischen Rom und Ostsee verlief durch Seefeld. Auf dieser war seinerzeit der Reformator Martin Luther unterwegs und übernachtete, als er 1511 aus Rom zurückkam, in Seefeld. Nach dem Bau der Eisenbahnlinie Rosenheim–Innsbruck und durch die Brennerbahn verlor die Route über den Seefelder Sattel im 19. Jahrhundert an Bedeutung.

Seefeld im Sommer

*Seekirchl in der Winterland-
schaft von Seefeld*

Ein neuer Aufschwung kam mit dem Tourismus. Bereits in den 1870er Jahren gab es in Seefeld autorisierte Bergführer, Anfang der 1930er Jahre wurden rund 200 000 Gästeübernachtungen registriert – ein Großteil der Besucher kam aus Deutschland. Entsprechend hart traf den Ort die sogenannte Tausend-Mark-Sperre, die Hitler-Deutschland 1933 gegen Österreich verhängte. Deutsche Staatsbürger mussten beim Passieren der deutsch-österreichischen Grenze 1000 Reichsmark zahlen. Die Nationalsozialisten bezweckten damit eine Schwächung der österreichischen Wirtschaft, die damals schon stark vom Tourismus abhängig war. Österreich hielt mit touristisch attraktiven Großprojekten wie der Großglockner-Hochalpenstraße dagegen und lockte 1934 mit den in Seefeld ausgetragenen Eiskunstlauf-Europameisterschaften Touristen aus dem In- und Ausland. In den 1950er Jahren rührte Seefeld erneut die Werbetrommel – bei den Olympischen Spielen 1964 und 1976 war die Olympiaregion Seefeld Austragungsort der nordischen Disziplinen.

Heute hat Seefeld Urlaubern vier Skigebiete zu bieten – darunter die **Rosshütte** mit atemberaubenden Panorama-Abfahrten und einem Funpark für Freestyle-Fans. Ein Kontrastprogramm bietet das fast heimelige kleine **Skigebiet Leutasch** mit präparierten Pisten für Anfänger und Könner. Im Sommer empfiehlt sich die Region Seefeld mit einem ausgedehnten Wanderwege-

Seefeld bietet für den Langlauf unzählige Loipenkilometer. 2019 war es Ausrichtungsort der Nordischen Ski-WM

netz. Kletterer lockt u. a. die »Chinesische Mauer«, eine wegen ihrer Vielseitigkeit ausgezeichnete Kletterroute in Leutasch.

🛈 Tourist Information ➡ D6
Bahnhofsplatz 115, 6100 Seefeld
✆ (05 08) 80, www.seefeld.com
Mo–Sa 8.30–18.30, So 10–12.30 und 15–17 Uhr

👁 Seekirche Heiliges Kreuz ➡ D6
Möserer Str., Seefeld
✆ (052 12) 23 19, www.pfarramt-seefeld.at/index.php/gebetsstaetten/seekirchl
Mai–Okt. 8–18 Uhr, Gottesdienst Fr 18 Uhr
Die kleine Barockkirche am Eingang des Mörsertals wird liebevoll »Seekirchl« genannt, weil sie einst inmitten eines künstlichen Sees errichtet wurde. Dessen Wasser wurde aber zu Beginn des 19. Jh. abgelassen. Die Kirche präsentiert sich im Stil des Frühbarock, das Marmorportal ist Zeugnis der Renaissancearchitektur. Im Portal findet sich das Allianzwappen der Österreicher und des italienischen Hauses Medici, das auf eine eheliche Verbindung der beiden Adelsgeschlechter verweist. Im Kircheninneren wird ein Kreuz aufbewahrt, um dessen Wundertätigkeit sich viele Legenden ranken, was das Seekirchl zum Pilgerziel werden ließ.

🎿🏊🚣 Badesee Wildsee/Strandbad Strandperle ➡ D6
Innsbrucker Str. 500, Seefeld

☎ (052 12) 909 97, www.seefeld.com/a-strandbad-strandperle-seefeld-freibad
Mit zwei Strandbadanlagen wartet der Wildsee auf, allerdings sind Wassertemperaturen um 20 °C nicht jedermanns Sache. Warm baden kann man im beheizten Becken des Strandbads »Strandperle« am Seeufer.

⊠ 🖼 **S'Alte Wirtshaus Lärchenstüberl** ➜ D6
Geigenbühelstr. 790, Seefeld
☎ (052 12) 26 52
www.hotel-charlotte.com/tirol/wirtshaus.php
Tägl. außer Mo 11.30–14.30 und 18–22 Uhr
Typisches Tiroler Wirtshaus in einem besonderen Bauwerk: Stück für Stück hat die Familie Köstinger den über 300 Jahre alten Bauernhof im Zillertal abgetragen und über Seefeld wiederaufbauen lassen. Das Brot kommt aus dem Backhaus, in der Selch werden Speck und Fisch geräuchert. Wer vorm Haus speist, weiß nicht, wo er hinschauen soll: auf das gute Essen oder das Panorama aus Hoher Munde, Wetterstein und Karwendel. €€–€€€

Sölden ➜ F5
Sölden, 3000-Einwohner-Gemeinde im Ötztal (vgl. S. 78 ff.), hat sich vor allem als Wintersportort einen Namen gemacht und gehört mit seinem breit gefächerten Pistenangebot – einschließlich zweier Glet-

Panoramablick auf Sölden

SÖLDEN

Sölden, Tirol

Peter Schuck, ein Münchner Professor für Design, ärgert sich, wenn er sieht, wie immer mehr Skifahrer in die Skigebiete gepumpt werden. Anstehen, einsteigen, hochfahren, aussteigen – das ist für ihn kein Bergerlebnis.

»Menschen sind kein Logistikelement«, sagt er. »Sie wollen etwas erleben, gerade in Europas majestätischem Hochgebirge.« Deshalb schlug Peter Schuck in Tirol vor, Möglichkeiten zu schaffen, dass Menschen mit Bergen kommunizieren können. »Die Berge sprechen zu uns«, gibt er sich überzeugt.

Für elf Millionen Euro entstanden drei Designer-Plattformen. Sie sind weltweit einzigartig und machen die Bergbegehung zur reinen Emotion. Die Besucher sind begeistert, manche werden ganz still, andere weinen, wieder andere öffnen eine Flasche Prosecco und stoßen auf ihr Glück an, die Big 3 erlebt zu haben. Jede Plattform ist ein Unikat und ganz speziell für

Skywalk: Der Big 3-Aussichtspunkt an der Bergstation der Tiefenbachbahn bei Sölden.

einen Gipfel entworfen. Alle drei ermöglichen den exponierten Aufenthalt im freien Raum. Zur Schwarzen Schneid (3340 m) hinauf geht es mit der Seilbahngondel über die Gletscherpiste. Die letzten 120 Meter sind zu Fuß zu absolvieren, mit jedem Schritt tiefer in die grandiose Stille der Berge, die alle Besucher umfängt wie ein Polster. Ein Obelisk aus Containerstahl in der Mitte einer kreisrunden Plattform aus Lärchenholz markiert den Gipfel. 360-Grad-Panorama, die Alpen werden zum Filmerlebnis, die Sonne als Spot darüber.

Bis nach Italien und Deutschland reichen die Blicke. Der Tiefenbachkogl (3250 m) ist die ausgefallenste Kreation. Sie schiebt sich gleich neben der Gondelbahnstation als schmaler Steg 25 Meter hinaus ins Freie. Die luftige Stahlkonstruktion, von zwei Stahlseilen gehalten, mit hölzernem Boden und schrägen Acrylglasplatten, führt direkt auf die Wildspitze zu. Mit jedem Schritt erobert man sich Lufthoheit über den Alpen. Der Gaislachkogl (3058 m) wiederum präsentiert sich als breite Plattform, einer Bühne gleich, auf dünnen Stelzen. Peter Schucks größtes Bauwerk hat sich in das Gebirge mit seinen schroffen Felszacken, steil abfallenden Flanken, gleißenden Gletscherflächen und geschwungenen Tälern harmonisch eingeschmiegt. Das Rondell aus Stahl, Holz und Glas hinter der Bergstation des Giggijochs ist auch zur Partylocation geworden.

INFO: Sölden liegt ca. 95 km südwestlich von Innsbruck. **INFO SÖLDEN:** Ötztal Tourismus, Gemeindestr. 4, 6450 Sölden, Tel. (052 54) 50 80, www.soelden.com.

scher (Rettenbachferner und Tiefenbachferner) und Abfahrten aus 3000er-Lagen – zu den Hotspots der österreichischen Alpin-Ski-Szene. Seinen ursprünglichen Charakter als Tiroler Bergdorf hat Sölden im Laufe der Zeit komplett eingebüßt: Längst prägen Hotellerie und Gastronomie das Bild, Pisten reichen bis in den Ort, Bergbahnen starten unterirdisch wie andernorts U-Bahnen und die Dorfstraße gibt sich als quirlige Après-Ski-Partymeile.

Weniger vom Massentourismus gezeichnet ist das Dorf **Vent** ➤ G5, das wie die Ortschaften Gurgl, Heiligkreuz und Zwieselstein zum Gemeindegebiet Sölden gehört. Die Naturkulisse in diesem Teil des Ötztals ist atemberaubend und filmreif, auch wenn die Wintertourismus-Industrie mit dem jahrzehntelang ungebremsten Ausbau von Pisten und Liftanlagen unübersehbar Raubbau betrieben hat. 1926 wählte Alfred Hitchcock **Obergurgl** ➤ G5 zum Drehort für den – inzwischen leider verschollenen – Film »Der Bergadler« und 1940 wurde oberhalb von Sölden »Die Geier-Wally« gedreht. In den 2000er Jahren entdeckten dann die Macher von James Bond die von Dreitausendern dominierte Bergwelt über Sölden als Action-Arena für 007, fanden hier spektakuläre Schauplätze für den Bond-Streifen »Spectre«. Eine bessere Werbung gibt es nicht – deshalb hält der Ort die Erinnerung an den Leinwand-Superagenten mit einer interaktiven **James-Bond-Erlebniswelt** ➤ F5 auf einem Gipfel wach. Actionreich können Urlauber auch den Sommer in und um Sölden erleben. Mit Naturtrails, Enduro-Routen und einem Pumptrack-Trainingsgelände empfiehlt sich die »**Bike Republic**« Sölden der sportlichen Zweiradklientel.

ℹ️ Tourist Information ➤ F5
Gemeindestr. 4, 6450 Sölden
✆ (057) 20 00, www.oetztal.com
Im Winter Mo–Sa 8–12 und 13–18, So 9–12 und 15–18, im Sommer Mo–Sa 9–12 und 14–17 Uhr

◉🎫 007 Elements – James Bond Museum ➤ F5
Dorfstr. 115, Sölden (Bergbahnstation)
✆ (052 54) 50 80, https://007elements.soelden.com
Tägl. 9–15.30, im Winter Mi bis 21.30 Uhr (letzte Talfahrt 22 Uhr)

Im James Bond Museum in Sölden

Eintritt € 22/17 (16–20 J.), Kinder (9–15 J.) € 12, Kombi-ticket mit Berg- und Talfahrt € 54/49/30, für Inhaber einer Ötztalcard ist die Bergbahn frei

Ein Muss für alle Bond-Fans: Die Erlebniswelt in 3048 m Höhe auf dem Gaislachkogl bietet interaktive High-tech-Galerien, die sich um die Kultfigur James Bond drehen. Dramatische Klangkulissen, atemberaubende Actionszenen, die berühmten Bond-Autos, techni-sche Spielereien – so ziemlich alles, was die Welt von Spion 007 einzigartig macht, wird hier in Szene gesetzt. Besucher gelangen mit der Bergbahn zur Erlebniswelt und müssen vorher ein Zeitfenster buchen.

❻ ✕ ice Q ➜ F5

Anfahrt per Bergbahn, Station: Dorfstr. 115, Sölden
℡ (0664) 96 09 36

ww.iceq.at, Reservierung unter iceq@central-soelden.at
Anfang Nov.–Ende April und Mitte Juni–Ende Sept. tägl. 9–16, im Winter Mi bis 22 Uhr

Spektakulärer könnten Lage und Architektur kaum sein – in einem futuristisch anmutenden Glaswürfel in 3048 m Seehöhe residiert dieses Gourmetrestaurant, ausgewählt auch als Drehort für den Showdown im Bond-Streifen »Spectre«. Die Küche (österreichisch und international) ist mit zwei Hauben ausgezeichnet, ent-

sprechendes Niveau hat die Weinkarte. Alternativ bieten sich unter demselben Dach im Winter die Tapas-Lounge und im Sommer ein Café an. €€€ (Lounge €€)

Beeindruckende Konstruktion in atemberaubender Kulisse: das ice Q auf über 3000 Höhenmetern

☒♫ Törggele Stub'n ➡ F5
Achweg 1, Sölden
☏ (052 54) 35 35
www.die3guatn.com/toerggele-stubn
Tägl. ab 10 Uhr, im Sommer Di Ruhetag, warme Küche bis 21.30 Uhr
Tiroler Schmankerl, zubereitet mit regionalen Qualitätsprodukten. Bei schönem Wetter lockt die Sonnenterrasse und im Winter hält man die Gäste donnerstags mit Livemusik bei Laune – kurzum: Wirtshauskultur vom Feinsten. €€

☒ Katapult Bar Lounge ➡ F5
Dorfstr. 9, Sölden
☏ (0650) 786 29 15, www.katapult-soelden.com
Fr/Sa 22–4 Uhr
Hier amüsiert sich vor allem das jüngere Urlaubervölkchen bei Techno-, House- und Soul-Musik sowie regelmäßigen Motto-Partys. Damit der Laden so richtig in Stimmung kommt, heizen Showtänzerinnen den Nachtschwärmern ein.

Obergurgl: Skigebiet in einer Höhenlage von über 2000 Metern

Ausflugsziele:

⊠ ⊟ Hochsölden ➡ F5

www.hochsoelden.info

Oberhalb von Sölden lockt abseits von Hektik und Verkehrslärm auf 2090 m Seehöhe das Hoteldorf Hochsölden, erreichbar über die ganzjährig befahrbare Panoramastraße. Hotellerie und Gastronomie sind hier oben eher auf Klasse als auf Masse eingestellt.

⛷ Obergurgl ➡ G5

Auch Gurgl gehört verwaltungstechnisch zur Gemeinde Sölden. Am hinteren Ende des Ötztals auf 1900 m Höhe gelegen, profiliert sich Obergurgl, das höchstgelegene Kirchdorf Österreichs, mit Reizklima und ausgezeichneten Wintersportbedingungen. Pisten in Höhenlagen zwischen 1800 und 3080 Metern Seehöhe garantieren eine Ski-Saison von November bis Mitte Mai. Am 27. Mai 1931 musste der Schweizer Stratosphärenforscher Auguste Piccard am Gurgler Ferner notlanden, nachdem er mit seinem Heißluftballon einen Höhenrekord aufgestellt und als erster Mensch die Erdkrümmung gesehen hatte. An Piccard erinnert ein Denkmal im Ort.

ℹ Ötztal Tourismus ➡ G5

Gurglerstr. 118, 6456 Obergurgl
✆ (05 72 00) 100, www.obergurgl.com
Mo–Sa 8–13 und 14–17 Uhr, So 9–12 und 14–17 Uhr

⬛✖🏛🍸🎧 Hochgurgl ➜ G6

Für Urlauber, die das Besondere suchen, wurde über Obergurgl auf 2150 m Höhe, kurz oberhalb der Baumgrenze, das Hoteldorf Hochgurgl errichtet. Eine Attraktion, die man hier nicht unbedingt erwarten würde, ist das Motorradmuseum. Auf einen Cocktail sollten Sie im Top Mountain Star einkehren.

🏛 Motorradmuseum The Mountain Crosspoint ➜ G6

Timmelsjochstrasse 8, Hochgurgl
✆ (052 56) 626 59 10, www.crosspoint.tirol
Tägl. 9–17 Uhr, Eintritt € 10
Über 200 historische Bikes von mehr als 100 Herstellern sind hier ausgestellt.

🍸🎧🎫 Top Mountain Star ➜ G6

Wurmkogel, Hochgurgl
Tägl. 9–17 Uhr
Mit der Bergbahn zu erreichen, Talstation: Gurglerstr. 3, Obergurgl, ✆ (052 56) 60 62
Die Panoramabar liegt auf dem schmalen Sattel eines Felsgrats in 3080 m Höhe und eröffnet ein spektakuläres 360-Grad-Panorama.

🛏✖🎧 Vent ➜ G5

Das winzige Dorf am Ende des Ötztals gehört verwaltungstechnisch zur Gemeinde Sölden, bietet aus touristischer Sicht jedoch das komplette Kontrastprogramm.

*Im Motorradmuseum
The Mountain Crosspoint*

Dabei hat der Fremdenverkehr in Vent schon früh begonnen. Bereits im 18. Jh. zog es Pioniere des Alpinismus hierher. Zu den Wegbereitern des Tourismus gehörte Gletscherpfarrer Franz Senn (1831–1884), Mitbegründer des Alpenvereins. Er unterstützte die Anlage von Wegen und den Bau von Schutzhütten – im aufkommenden Bergsteiger-Tourismus sah er eine Chance, die desolate wirtschaftliche Situation der Bauern im Tal zu verbessern.

Inzwischen hat sich das von Bausünden verschonte Vent mit seinen gerade mal 150 Bewohnern dem Motto »weniger ist mehr« verschrieben und setzt auf sanften Tourismus. Urlauber schätzen vor allem die schier unendlichen Wandermöglichkeiten, so lässt sich von Vent aus beispielsweise die Wildspitze (vgl. S. 80) erklimmen. Erfahrene Bergsteiger lockt auch die **Ötzi-Fundstelle** auf 3210 m Seehöhe, die sich über die Similaunhütte erreichen lässt. Ein nahe gelegenes und familienfreundliches Wanderziel sind die legendären **Rofenhöfe** auf 2000 m Höhe, die höchstgelegenen ganzjährig bewirtschafteten Bergbauernhöfe Österreichs. Ihre idyllische Lage, die Haflingerzucht und der traditionelle Berggasthof lohnen den Besuch.

ℹ **Ötztal Tourismus** ➡ G5
Venterstr. 35, 6458 Vent
✆ (05 72 00) 260, www.vent.at
Tägl. außer So 8–12 und 15–18 Uhr

Vent ist vor allem als Bergsteiger-Dorf bekannt

Mit den Schafen übern Berg

Die UNESCO hat 2019 den Schaftrieb vom Südtiroler Schnalstal ins Ötztal und zurück auf die Liste des Immateriellen Kulturerbes der Menschheit gesetzt. Damit hat sie eine ganz besondere Art der Weidewirtschaft ausgezeichnet, bei der die Tiere über längere Strecken und verschiedene Weidegebiete getrieben werden – Transhumanz nennt das der Fachmann. Eine solche Art der Viehhaltung gibt es an einigen Orten der Welt, die **Ötztal**er Transhumanz ist jedoch aus mehreren Gründen eine Besonderheit: Sie ist grenzüberschreitend – sie geht von Italien nach Österreich und zurück –, die Wanderung führt über einen Gletscher und sie findet schon seit 6000 Jahren statt. Jedes Jahr ist es wieder ein Spektakel, wenn die Treiberinnen und Treiber mit rund 5500 Schafen im Frühsommer vom Schnalstal ins hintere Ötztal und im Herbst in umgekehrte Richtung ziehen. Die jungen Leute, die den Schaftrieb begleiten, müssen ziemlich fit sein, denn zwischen Start und Ziel sind drei hohe Gipfel zu überwunden: das Timmelsjoch (2494m), das Hochjoch (2885m) und das Niederjoch (3017m). Der Ab- bzw. Auftrieb der Schafe, den man in den Bergen in der Nähe von **Vent** beobachten kann, findet jedes Jahr Anfang Juni und Mitte September statt.
Info: www.vent.at/de/sommer/veranstaltungen/schafuebertrieb.html

Über eine Hängebrücke erreicht man die Rofenhöfe bei Vent

☒ ⊛ **Rofenhöfe** ➡ G5
Rofenstr. 3, Vent
℡ (052 54) 81 03, www.rofenhof.at
Tägl. 11–19.30 Uhr
Schön gelegenes Berggasthaus. €–€€

Stubaital ➡ D–F6/7
Fünf Kilometer lang, umgeben von 80 Gletschern und 109 Dreitausendern präsentiert sich das Stubaital mit seinen fünf Hauptorten Neustift, Fulpmes, Telfes, Mieders und Schönberg. Der **Stubaier Gletscher**, das größte Gletscherskigebiet Österreichs, bietet Skivergnügen vom Feinsten bis Mitte Juni. Mit einer quirligen Après-Ski-Szene empfiehlt sich **Fulpmes** ➡ E7, das sich schon seit 100 Jahren bequem mit der Elektrobahn, dem Stubaier, ab Innsbruck erreichen lässt.

Im Sommer locken etliche Sportarten hinaus ins Freie: neben Klettern und Mountainbiken auch Paragliding bei hervorragender Thermik sowie Rafting und Kajakfahren. Und Wandern natürlich – die Naturschönheiten des Tals lassen sich auf verschiedensten Themenwegen erkunden, einige davon sind besonders familientauglich oder sogar barrierefrei.

Ende September findet das bunteste Fest statt: der Almabtrieb des bekränzten Viehs in die heimatlichen Gehöfte. Auch das Weihnachtsbrauchtum wird hochgehalten. **Zirl** ➨ D6 bei Telfs ist weit über die Grenzen hinaus als Krippendorf bekannt. Zur Weihnachtszeit (27. Dezember bis 15. Januar) können Krippen in Privathäusern besichtigt werden; das Heimatmuseum zeigt seine Schätze das ganze Jahr. Kulturstätten wie **Stift Stams** ➨ D5, ein heute noch von Zisterziensern bewohntes Kloster, haben ebenfalls ihre Faszination.

ℹ **Tourismusverband Stubaital** ➨ E7
Dorf 3, 6167 Neustift im Stubaital
℡ (05 01) 88 10, www.stubai.at
Mo–Fr 8–12 und 14–18, Sa 9–12 und 15–17, So 9–12 Uhr

🏛 **Fastnacht- und Heimatmuseum Noaflhaus** ➨ D6
Untermarktstr. 20, Telfs
℡ (0676) 83 03 83 22
Do, Sa 9–12, Fr 17–20 Uhr, Eintritt frei
Die unheimlichen Masken der Telfser Fastnacht kann man hier zu jeder Jahreszeit bestaunen und multimedial das alle fünf Jahre stattfindende »Schleicherlaufen« erleben. Das Heimatmuseum zeigt Funde aus der Bronze- und der Römerzeit sowie allerlei Objekte (z. B. einen Hebammenkoffer), die den Alltag der Telfser in vergangenen Jahrhunderten anschaulich machen.

Unheimliche Masken und skurrile Hüte gibt es alle fünf Jahre beim Schleicherlaufen in Telfs zu betrachten

*Das Stift Stams liegt
unmittelbar am Innradweg*

🏛️ 📷 **Heimatmuseum Neustift** ➜ E7
Stubaitalstr. 650, Neustift
✆ (0664) 513 56 89
Juni–Sept Di–Fr 14–17 Uhr, Eintritt € 2,50
Wie die Menschen im Stubaital vor 100 Jahren gelebt
haben, in welchen Möbeln sie gewohnt, mit welchen
Gerätschaften gearbeitet haben, veranschaulicht das
familiengerechte Museum in einem typischen Tiroler
Forsthaus.

👁️ 🍴 🏨 **Stift Stams** ➜ D5
Stiftshof 1, Stams
✆ (052 63) 62 42, www.stiftstams.at
Führungen Juni–Sept. Mo–Sa 9–11 und 13–17.30, So
13–17.30, Okt.–Mai nur Do um 16 Uhr, Treffpunkt Klos-
terladen, Museum Juni–Sept. tägl. 9.30–17 Uhr
Heilige Messe So um 7.30, 9.30 und 10.30 Uhr
Eintritt € 7, mit Führung € 12,50
Im 13. Jh. als Grablege für die Tiroler Landesfürsten
gegründet, kann das wenige Kilometer westlich von
Telfs gelegene Kloster Stams auf eine wechselvolle
Geschichte zurückblicken. Bauernkriege, Brände und
Plünderungen fügten der Klosteranlage im 16. Jh.
empfindliche Schäden zu. Im 18. Jh. wurden zerstörte
Gebäude neu errichtet und die romanische Kirche
wurde im Barockstil umgebaut. Sehenswert sind die
Gewölbefresken, der reich verzierte Hochaltar, die

NEUSTIFT IM STUBAITAL

Tirol

D as waren noch Zeiten! Wollte früher ein Stubaier Bauerssohn eine Braut aus dem Ort freien, musste er einige Voraussetzungen erfüllen: Er brauchte eine breite Hand, damit er viel durch die Finger sehen konnte. Einen großen Hals, damit er viel schlucken konnte. Eine feste Leber, »weil viel drüber kriecht«. Und ein steinhartes Herz, damit er die Stiche nicht spürte. Toleranz wurde grundsätzlich bei Mannsbildern vorausgesetzt. Am Hochzeitstag legte die Braut ein Kleidungsstück aus ihrem Schrank über die Hose des Mannes, fortan hatte sie die Hosen an.

Viele Bräuche haben sich nicht erhalten, aber Tradition und Brauchtum spielen im Stubaital nach wie vor eine große Rolle. Die Bräuche, die vom religiösen Kalender und dem bäuerlichen Arbeitsjahr bestimmt waren, werden allein schon aus touristischen Gründen gepflegt. So ist Neustift wahrscheinlich der Ort in Tirol, an dem das Brauchtum noch nahezu authentisch besichtigt werden kann. Die flächenmäßig drittgrößte Gemeinde Tirols präsentiert sich in ihrem Erscheinungsbild bilderbuchmäßig alpenländisch als Hochgebirgstal. An dessen Eingang erheben sich wuchtige Kalkmassive, im hinteren Tal steigen Gneis- und Granitgipfel auf. 109 Berge kommen über die 3000-Meter-Grenze, 15 Quadratkilometer Gletscherverbundfläche bilden Österreichs größtes Ganzjahresskigebiet. Um 1000 wurde *Stupeia* erstmals erwähnt. Noch heute werden seine Bewohner *Tholer* genannt, wie schon im Mittelalter. Kaiser Augustus zog mit seinen Legionen durch, um 15 v. Chr. unterwarf er die Region, die von der römischen Entwicklungshilfe profitierte. Kaiser Maximilian I. jagte hier Hirsche, Gämsen und Wildschweine und stiftete 1505 eine Kapelle. 1516 entstand die erste Kirche in Neustift, dem heiligen Georg geweiht. Die heutige Pfarrkirche wurde 1774 vollendet.

Neustift ist Luftkurort, Wintersportplatz und Ausgangspunkt von Wanderungen.

INFO: Neustift im Stubaital liegt ca. 23 km südlich von Innsbruck. **INFO STUBAI:** Tourismusverband Stubai Tirol, Stubaitalhaus, Dorf 3, 6167 Neustift im Stubaital, Tel. (05 01) 88 10, www.stubai.at.

Blick auf Neustift im Stubaital.

barocke Orgel sowie das »Österreichische Grab«, eine Gedenkstätte für die in Stams bestatteten Landesherren, denen man lebensgroße, vergoldete Figuren gewidmet hat. Eine Schatzkammer ist auch die Bibliothek mit ihrem großen Bestand an mittelalterlichen Urkunden und Dokumenten. Mehrfach wurde das Kloster aufgelöst, zuletzt 1938/39 nach dem Anschluss Österreichs an Nazi-Deutschland. Damals machte man es zu einem Auffanglager für Aussiedler aus Südtirol, die zum Verlassen des 1919 an Italien verlorenen Landesteils animiert wurden. Nach 1945 durften sich die Zisterzienser wieder hier ansiedeln. Seither bewohnen und bewirtschaften Mönche die Klosteranlage, zu der u. a. ein Gymnasium gehört und in der auch Gäste auf Zeit willkommen sind. Edelbrände aus der eigenen Schnapsbrennerei und andere klostereigene Produkte werden im Klosterladen verkauft.

▨▥⊼▧⊡ Elfer ➡ E7
Elferbahnen Neustift
Moos 12, Neustift
✆ (052 26) 22 70, www.elferbahnen.at
Direkt vom Neustifter Zentrum gelangt man per Gondel auf die 2500 m hohe Elferspitze. Im Sommer empfiehlt sich der Berg mit Wanderwegen, im Winter mit Naturschneepisten, geräumten Winterwanderwegen und der längsten Rodelbahn Tirols (bei entsprechenden Schneeverhältnissen auch Nachtrodeln).

Rodeln auf dem Elfer bei Neustift

▣▦ Grawa Wasserfall am Wilde-Wasser-Weg ➡ F6
www.stubai.at/aktivitaeten/wandern/wildewasserweg
Ausgeschilderter Wanderweg, Startpunkt: Parkplatz
an der Stubaier Str. (Bundesstr. 183), südwestlich von
Neustift, kurz hinter der Ortschaft Ranalt
Im hinteren Stubaital stürzt der Sulzbach aus 180 m
über zahlreiche Kaskaden in die Tiefe. Mit einer Breite
von 85 m ist der Wasserfall der breiteste der Ostalpen –
und ein Naturdenkmal. Hierher führt die erste Etappe
(ca. 3,5 km und barrierefrei) des Wilde-Wasser-Weg.
Die Rundwanderstrecke misst insgesamt 22 km (ca.
10 Wanderstunden einplanen), führt bis auf 2500 m
Höhe, bietet Einkehrmöglichkeiten auf Almen und
Übernachtungsgelegenheit in einer Hütte.

Der Grawa Wasserfall ist ein toller Stopp bei einer Wanderung auf dem Wilde-Wasser-Weg

▦▨ Stubai Baumhausweg ➡ E7
Start ab Mittelstation der Kreuzjochbahn, Talstation in
Fulpmes (Tschaffinis-Umgebung 26, ☎ 052 25-623 21)

*Außenterrasse
des Schaufelspitz*

So wird das Wandern auch Kindern garantiert nicht langweilig: Unterschiedliche Themen-Baumhäuser wollen erklommen und bestaunt werden, am Ende der etwa zweistündigen Wanderung wird die sportliche Leistung mit einer kleinen Überraschung belohnt.

Wildmoossee ➜ D6
Koordinaten: 47° 19′ 59″ N, 11° 8′ 41″ O
Mal ist er da, mal nicht: Der See nahe Telfs bildet sich nur, wenn sich durch Schmelzwasser und Niederschläge so viel Grundwasser anstaut, dass es wie ein Springbrunnen an die Oberfläche dringt. Mit dem höchsten Wasserstand ist im Monat Mai zu rechnen.

Schaufelspitz am Stubaier Gletscher ➜ F6
Stubaier Gletscher, Mutterberg 2
Neustift im Stubaital
✆ (052 26) 814 13 08, www.stubaier-gletscher.com/skigebiet/restaurants/gourmet-restaurant-schaufelspitz
Tägl. 9–15.30 Uhr
Am Stubaier Gletscher in knapp 3000 m Seehöhe kocht Drei-Hauben-Chef David Kostner. Seinen Gästen bietet

er feine Speisen mit regionalen Produkten und Inspirationen aus fernen Ländern. Erlesene Weine begleiten die Gaumenfreuden. Für zusätzlichen Genuss sorgt die atemberaubende Bergwelt, die man auf der Sonnenterrasse oder in der Zirbenstube genießen kann. €€€

🍷♫❌🛏 Kerzenstüberl im Dorfgasthof ➜ E7
Bahnstr. 10, Fulpmes
☎ (052 25) 624 88
www.gasthof-dorfkrug.at
Tägl. ab 10 Uhr, April–Juni und Okt–Weihnachten Mo geschl.
Ausgelassen ist die Stimmung im urgemütlichen Gasthof, wenn es im Winter dienstags und donnerstags zünftige Livemusik gibt. Tagsüber lockt das Dorfgasthaus-Café mit frischen Mehlspeisen und Torten.

🎭 Fastnacht/Schleicherlaufen in Telfs ➜ D6
Tausende Schaulustige finden sich ein, wenn in Telfs (immer in den 0er und 5er Jahren) das »Schleicherlaufen« stattfindet. Bei dem traditionellen, mystisch-unheimlichen Spektakel legen ausschließlich die Männer gruselige Masken an und ziehen durch den Ort.

🎭 Stubaier Kaiserschmarrenfest ➜ E7
Anfang Oktober feiert Neustift ein großes Herbstfest, bei dem die Eierkuchen-Spezialität im Mittelpunkt steht. In einer weltrekordverdächtigen Pfanne bereiten Köche Schmarrn in unterschiedlichen Variationen zu.

Bergpanorama von der Kreuzjoch-Aussichtsplattform bei Fulpmes

Unterland

Der östliche Teil ihres Bundeslands – im Osten von Innsbruck – wird von den Tirolern Unterland genannt. Bekannte Gebirgsregionen charakterisieren diesen Landstrich – die Tuxer, die Kitzbüheler und die Zillertaler Alpen südlich des Inntals, Karwendel, Rofan und Brandenberger Alpen nördlich davon. Wilde Bergbäche, größere und kleinere Seen sowie Wasserfälle, allen voran die berühmtem Tuxer Fälle, sind ebenfalls prägend für die Region – und natürlich der Inn. Die wichtigsten Orte wie **Schwaz** ➜ C/D9, **Wörgl** ➜ B10 und **Kufstein** ➜ B11 liegen allesamt an seinem Ufer. Die größten Skiorte sind **Kitzbühel** ➜ C12 und **Mayrhofen** ➜ E10 im Zillertal. Letzteres gehört zwar geografisch unstreitig zum Unterland, die Zillertaler würden sich selbst jedoch nie als Unterländer bezeichnen, und das, obwohl die Unterländer als die »lustigeren Tiroler« gelten. So hört man immer wieder den Spruch, dass ein Begräbnis im Unterland lustiger sei als eine Hochzeit im Oberland.

❼ Achensee ➜ B/C9

Der Achensee – neun Kilometer lang, einen Kilometer breit und bis zu 133 Meter tief – ist Tirols größter See und besitzt Trinkwasserqualität. An seinen Ufern lie-

Äußere Hauseralm bei Wörgl

ACHENSEE

Tirol

D er »letzte Ritter« hatte sich noch den schönsten Ausblick erobert. Im Flecken Pertisau ließ sich Kaiser Maximilian I. ein Jagdschloss bauen. Als seine Knochen für die Jagd zu müde waren, konnte er sich ausruhen und seine Blicke über den See schweifen lassen. Der Achensee gehörte Maximilian aber nicht, um 1120 hatten die Herren von Schlitters das Gewässer mit dem Achental dem Kloster St. Georgenberg geschenkt.

Von bestimmten Beobachtungsposten aus zeigt sich der See als Juwel. Bei Sonnenschein funkelt und schillert er smaragdgrün wie ein Schatz. 680 Hektar groß ist der fjordartig in die Berglandschaft eingepasste Achensee – und beeindruckende 133 Meter tief. Tirolkenner halten den größten See des Landes auch für seinen schönsten, das Karwendelgebirge im Südwesten und das Rofan oder Sonnwendgebirge im Osten in Sichtweite – ein guter Ort, um aus dem Alltag auszusteigen. Naturliebhaber und Wassersportler sind an diesem traumverlorenen Flecken Erde genau richtig, aber auch Menschen, die Ruhe und kreative Einsamkeit suchen.

Der See nördlich von Jenbach markiert mit dem Achental die Grenze von Karwendelgebirge und Brandenberger Alpen. Kalt ist das Gebirgsgewässer auch im Sommer, nur selten erreicht es eine Temperatur von 20 °C. Sein Wasser besitzt Trinkwasserqualität, die unterseeischen Sichtweiten reichen bis zu zehn Meter. Von jeher wird es gelegentlich das Tiroler Meer genannt. Seit 1919 gehört es der Stadt Innsbruck, seit 1927 wird es von der Tiroler Wasserkraft AG mit einem Wasserkraftwerk bewirtschaftet. Bereits 1887 verkehrte das erste Dampfschiff »St. Josef« auf dem See, 1889 kam die Achenseebahn, eine Schmalspur-Zahnradbahn zwischen Jenbach und Seespitz, hinzu. Die älteste dampfrad-

Bootshaus am Achensee.

betriebene Zahnradbahn Europas ist nach wie vor in Betrieb und überwindet schnaufend auf 6,7 Kilometern einen Höhenunterschied von 440 Metern. In der barocken Wallfahrtskirche zur heiligen Notburga (15. Jahrhundert) in Maurach wird der einzigen weiblichen Heiligen Tirols gehuldigt. Notburga (1265–1313) ist die Schutzherrin der Dienstmägde. In Achenkirch gibt es eine beliebte Sommerrodelbahn.

INFO: Der Achensee liegt ca. 43 km nordöstlich von Innsbruck. **INFO ACHENSEE:** Tourismusverband Achensee, Rathaus, Achenkirch 387, 6215 Achenkirch am Achensee, Tel. (052 46) 53 00-0, www.achensee.com, www. achenseebahn.at.

*Der Achensee liegt 380 Meter
über dem Inntal*

gen fünf Ferienorte eingebettet in die faszinierende Berglandschaft des Karwendel- und Rofangebirges. **Surfer, Segler und Kitesurfer** finden hier ein ideales Revier. Der See, der mit seinem hellgrünen Wasser und den Nadelwäldern drum herum an einen norwegischen Fjord erinnert, bietet den Wassersportlern oft perfekte, manchmal herausfordernde Bedingungen. Vormittags weht ein leichter Südwind, nachmittags kommt oft ein kräftiger Nordwind auf. An manchen Tagen wird sogar Windstärke fünf erreicht. Auch bei Tauchern erfreut sich der See mit Sichtweiten von bis zu zehn Metern großer Beliebtheit.

Als um 1900 die ersten Touristen aus der Stadt an den Achensee kamen und ein WC verlangten, verstanden die Senner die Abkürzung falsch und bauten eine Wald-Capelle, die sie so anpriesen: »WC ist vorhanden, Fassungsvermögen 20 Personen, Orgelmusik auf Wunsch!« Das »WC« steht heute noch in der Nähe der **Pletzachalmen** (mit kleinem Badesee) und sorgt für so manchen Lacher.

ℹ **Tourismusverband Achensee** ➜ B9
Achenkirch 387 (im Rathaus), 6215 Achenkirch
✆ (052 46) 530 00, www.achensee.com
Mo–Fr 8–12 und 14–17, Sa 9–12 Uhr

Kristallklares Wasser
im Achensee

*Almabtrieb bei
Fügen-Kaltenbach*

Fügen-Kaltenbach ➡ C/D9/10

Die Doppelgemeinde vermarktet sich als »erste Ferien-region« im **Zillertal** (vgl. S. 159 ff.) – mit gutem Recht, befindet sie sich doch im vorderen Abschnitt des Tals und damit an dessen »Eingang«. Das auf 545 Metern Seehöhe gelegene Fügen ist der Hauptort des vorderen Zillertals und mit rund 4000 Einwohnern die größte Gemeinde der Region. Dass diese Gegend schon in der Bronzezeit besiedelt war, beweisen Urnengräber, die man hier in den 1980er Jahren gefunden hat. Im 15. Jahrhundert wurde Fügen ein produktives, vor-industrielles Zentrum und erlangte weit über das Tal hinaus Bedeutung. Hier stellte man Kanonenkugeln und Harnischbleche her. Diese kamen auch während des Dreißigjährigen Kriegs (1618–1648) zum Einsatz.

Heute sind Holzwirtschaft und Tourismus die wich-tigsten Einnahmequellen. Das **Skigebiet Hochzillertal-Hochfügen** ist ein Sport-Dorado der Superlative mit Pisten aller Schwierigkeitsgrade und einem Off-Pisten-Terrain für Freerider. Mit rund 20 Pistenkilometern, Winterwanderwegen und einer fünf Kilometer langen Rodelpiste ist das **Skigebiet Spieljoch-Fügen** besonders familienfreundlich. Die Talstation liegt direkt im Ort. Im Sommer locken verschiedene Themenwanderwege, auch solche, die schon mit kleinen Beinen stressfrei bewältigt werden können.

ⓘ Tourismusverband Erste Ferienregion im Zillertal
➡ C/D9
Hauptstr. 54, 6263 Fügen
✆ (052 88) 622 62
www.best-of-zillertal.at/region/fuegen
Mo–Fr 8.30–18, Sa 8.30–12 und 15–18, So 9–12 Uhr

✖ Lamark Stube ➡ C9
Hochfügen 34, Fügenberg
✆ (052 80) 225, www.lamark.at
Tägl. 11.30–14.30 und 18.30–20.30 Uhr
Tiroler Traditionsrezepte, verfeinert vom Spitzenkoch Alexander Fankhauser, bringen Gäste in der Lamark Stube zum Schwelgen. Das Schmankerl-Restaurant wurde mit drei Hauben ausgezeichnet. Noch eine Spur extravaganter speist man im Gourmettempel, dem 4-Hauben-Restaurant Alexander unter demselben Dach. €€€

✖ ☕ 🛏 ✈ Gasthaus Goglhof ➡ C9
Panoramastr. 50, Fügenberg
✆ (052 88) 627 25, www.goglhof.at

Ein Paradies für Freerider: Skifahren im Pulverschnee im Skigebiet Hochzillertal-Hochfügen

Beschaulichkeit vor Berg-panorama: Kapelle in Fügen

Tägl. außer Di ab 10 Uhr durchgehend kalte und warme Küche

Kaiserschmarrn, Kasspatzln, Jausenbrettl und Wildgerichte – in dem gemütlichen, familiengeführten Gasthaus schmecken Tiroler Klassiker richtig gut. Schön frühstücken kann man auf der Panoramaterrasse. Wintergäste lockt zudem die nach Sonnenuntergang beleuchtete Rodelpiste; den passenden Untersatz kann man sich bei den Wirtsleuten leihen (€ 5). Gemütliche Gästezimmer gibt es außerdem. €

Bogenpark Hochfügen ➜ D9
An der Talstation Holzalmbahn, Hochfügen
☎ (0650) 470 73 86
Juni–Okt. tägl. 9.30–16.30 Uhr, Eintritt € 9/7
In der hohen Kunst des Bogenschießens können sich Interessierte aller Altersklassen vor spektakulärer Bergkulisse üben. Nach einer Einführung in die Technik lässt sich das Erlernte auch an den 3-D-Tierattrappen auf einem idyllischen Parcours ausprobieren.

Erlebnistherme Zillertal ➜ C/D9
Badweg 1, Fügen
☎ (052 88) 632 40, www.erlebnistherme-zillertal.at

Tägl. 10–22, Sauna ab 13 Uhr
Eintritt 2 Std. € 9,80/7,40, Tageskarte € 22,90/16
Für jeden etwas: Spaß auf der superlangen Wasserrutsche oder eine entspannende Auszeit in der Wellness- und Saunalandschaft. Im Winter lockt statt dem Freibad eine Eisbahn.

📖👁 Heumilch Sennerei Fügen → C/D9
Sennereistr. 22, Fügen
✆ (052 88) 623 34, https://heumilch.tirol
Mo–Fr 8–18, Sa 8–14 Uhr
Kräuter und Gräser – auf den Zillertaler Bergwiesen herrscht da Vielfalt, das kommt den Kühen und schließlich den Milchprodukten zugute. In der Schausennerei der Bergbauern-Genossenschaft können Besucher dem Käsemeister bei der Arbeit zuschauen, Käsesorten verkosten und, wenn's schmeckt, auch kaufen.

❽ Hall in Tirol → D8
Hall in Tirol, Nachbarstadt der Landeshauptstadt Innsbruck, ist eine der besterhaltenen mittelalterlichen Städte Österreichs. Über 300 Altstadthäuser reihen sich in malerischen Gassen und rund um den Stadtplatz. Reich geworden ist Hall durch das Salz; im 13. Jahrhundert fing man an, das »weiße Gold« abzubauen, 1967 wurde der Salzbergbau eingestellt. Wahrzeichen der Stadt ist **Burg Hasegg** mit dem zwölfeckigen Münzerturm.

Innenhof der Burg Hasegg in Hall in Tirol

ℹ Tourismusverband Region Hall-Wattens ➡ dA/dB2
Unterer Stadtplatz 19, 6060 Hall in Tirol
✆ (052 23) 45 54 40, www.hall-wattens.at
Mo–Fr 9–18, Sa 9–13 Uhr

🏛🏃 Bergbaumuseum ➡ dA2/3
Fürstengasse 1, Hall in Tirol
✆ (052 23) 455 44
Führungen Mo, Do, Sa jeweils 11.30 Uhr
Eintritt € 5/3
Schächte, Werkzeuge, Mineralien, eine Rutschbahn
und vieles mehr vermitteln den Besuchern in einem
nachgebildeten Stollen das authentische und teilweise
beklemmende Gefühl, unter Tage zu sein.

*Die Rutschbahn im Bergbau-
museum ist auch für Kinder ein
tolles Erlebnis*

Barbara und die Knappen

HISTORISCHES STADTBILD VON HALL

Hall, Tirol

Mit jedem Schritt betritt man Geschichte: Hall, gedrängt an die steil aufragende Bettelwurfkette, die sich bis auf 2725 Meter hinaufstemmt, besitzt einen komplett erhaltenen mittelalterlichen Kern mit hübschen

Panorama von Hall, links die Burg Hasegg, die das Museum Münze Hall beherbergt.

Plätzen, verwinkelten Ecken und einem idyllisch anmutenden Gassennetz, flankiert von mehr als 300 Altstadthäusern. Wohin man auch blickt, überall sind eindrucksvolle Hinterlassenschaften aus Gotik und Barock zu sehen. Der zentrale Obere Stadtplatz, etwas erhöht, wird seit dem Mittelalter ununterbrochen von Menschen gequert. Vom 13. bis zur Mitte des 20. Jahrhunderts wurde hier Salz abgebaut, Hall war eine reiche und deshalb einflussreiche Stadt. Heute erinnert in dem Städtchen am Inn nur noch das Solbad, das einstige Kurhaus, an die Salzepoche.

Halls Wahrzeichen ist die Burg Hasegg mit dem zwölfeckigen Münzerturm nahe dem Münzertor, der bestiegen werden kann. Seit 1280 prägt diese Festung die Stadt. Und zwar in jedem Wortsinn, wurden doch in der Burg seit 1486 Münzen geprägt und in den Geldkreislauf eingebracht. Im selben Jahr wurde die üppig mit Reliefs geschmückte Barbara-Säule errichtet, gespendet von der Bruderschaft der Knappen, die Barbara bei ihrer schweren Arbeit unter Tage als Schutzpatronin verehrten. Wie mühsam diese Arbeit war, zeigt das Bergbaumuseum in einem nachmodellierten Bergwerk aus dem Halltal. Im mittelalterlichen Rathaus ist im Ratssaal das Gebälk zu bewundern, das 1451 angebracht wurde, die getäfelte Bürgermeisterstube kam 1660 hinzu. Die Rokoko-Pfarrkirche St. Nikolaus steht auf einer Terrasse, in der dazugehörenden Waldlaufkapelle wird eine Reliquiensammlung gehortet, die einst Ritter Florian von Waldlauf zusammenraffte. Damals glaubte man, sich mit frommen Materialien den Weg in den Himmel sichern zu können. Beachtenswert ist auch der schönste barocke Innenhof Tirols, der zwischen Jesuitenkirche und Jesuitenkolleg, heute Bezirksgericht, am Stiftsplatz liegt. Da geht auch hartgesottenen Zeitgenossen das Herz auf.

INFO: Hall liegt ca. 10 km östlich von Innsbruck. **INFO HALL:** Tourismusverband Hall-Wattens, Unterer Stadtplatz 19, 6060 Hall in Tirol, Tel. (052 23) 455 44-0, www. hall-wattens.at.

Zwölfeckiger Münzerturm (rechts) und traditionelle Münzprägung (links) in Hall in Tirol

⊚ 🏛 🕹 **Burg Hasegg mit Münzerturm und Münze Hall** ➜ dB2/3

Burg Hasegg 6, Hall in Tirol

✆ (052 23) 585 55 20, www.muenze-hall.at

Di–Sa 10–17 Uhr, Ende Jan.–Anfang März nur für Gruppen, Eintritt Münzerturm € 5,50/4,50, Münze Hall € 8/5,50, Kombiticket € 11,50/8

In der Burg (erbaut um 1280) wurden ab Ende des 15. Jh. bis 1809 Münzen geprägt. Im Münzmuseum kann man sich mithilfe der Audioguides durch ein halbes Jahrtausend europäische Münzgeschichte führen lassen. Rund um Geld, Silber und Salz, das »weiße Gold«, dreht sich eine Themenführung, bei der man tief in die Geschichte des Orts eintauchen kann (Mi 10 Uhr, Treffpunkt Tourismusbüro, Anmeldung nicht erforderlich, € 10/7).

✖ 🍷 **Goldener Löwe** ➜ dA3

Oberer Stadtplatz, Hall in Tirol

✆ (052 23) 415 50, www.goldenerloewe-hall.at

Di–Sa 11–14.30 und 17.30–24 Uhr

Uriges Gasthaus in der Altstadt, in dem man den Hunger mit appetitlichen Schmankerln oder wechselnden Saisongerichten stillen kann. Nach dem Abendessen empfiehlt sich die hauseigene **Diana Bar** für einen Absacker. €

Ausflugsziele:

⊚ 🎭 **Thaur und Thaurer Schlossspiele** ➜ D8

www.thaur.tirol.gv.at/Theaterverein_-_Schlossspiele

Wo es blitzt und funkelt

SWAROVSKI
KRISTALLWELTEN

Wattens, Tirol

Besuch im Reich des Riesen. In Wattens am südlichen Innufer liegt das Erlebniszentrum Kristallwelten, das das Großunternehmen Swarovski – mehr als 32 000 Mitarbeiter in 170 Ländern – 1995 aus Anlass seines

hundertjährigen Bestehens vom Inszenierungskünstler André Heller einrichten ließ. Der alpine Riese ist ein grasbewachsener Hügel in Form eines wasserspeienden Kopfes mit glühenden Augen, vor dem ein dunkler künstlicher See liegt. In der schwarzen Wasseroberfläche spiegeln sich tausende Kristalltropfen, vom Künstlerduo Cao Perrot in Handarbeit zusammengesetzt zu einer über den Köpfen der ankommenden Besucher schwebenden Wolke.

Auch im Innern des Riesen blinkt, blitzt und strahlt es. Das Multimediatalent Heller sowie eine Reihe anderer Künstler laden ein zur Erkundung ihrer fantasiereichen Wunderkammern, die die Kristallwelten zu einer der meistbesuchten Attraktionen Österreichs machen. Die Schau lässt sich von den Leitbegriffen Staunen und Amusement leiten, will märchenhaft überwältigen, aber auch durch Vielfalt verblüffen.

Das Designerteam Studio Job etwa stopfte in der Manier klassischer Wunderkammern eine aberwitzige Sammlung an Kuriosa in einen runden Raum. Der indische Designer Manish Arora erweckt in seinem Tempel der Liebe eine bonbonbunte Utopie zum Leben. Im Kristalldom schließlich wähnt man sich zur Musik von Brian Eno und unter millionenfachem Funkeln selbst in das Innere eines Kristalls versetzt. So wird das Thema Kristall zum Erlebnis für alle Sinne. Im Garten laden Spielturm, Spielplatz und Labyrinth zum Toben und Versteckspiel ein.

Am Ende, wenn man die Kristallwelten längst verlassen hat, verfolgen einen noch lange die funkelnden Säulen des Riesen.

INFO: Wattens liegt ca. 17 km östlich von Innsbruck. **INFO SWAROVSKI KRISTALLWELTEN:** Kristallweltenstr. 1, 6112 Wattens, Tel. (052 24) 510 80, www.kristallwelten.swarovski.com, Öffnungszeiten tägl. 10–19 Uhr, letzter Einlass 18 Uhr, Eintritt € 19, bis 14 J. € 7,50.

Eine Installation aus Tausenden kleiner Kristalltropfen von Cao Perrot: die Kristallwolke.

Thaur, ein ursprüngliches, noch immer von Landwirtschaft geprägtes Dorf am Fuße der Tiroler Nordkette, ist nicht nur für traditionelle Holzschnitzerei, skurrile Fastnachtsbräuche und die eindrucksvolle Prozession am Palmsonntag (Sonntag vor Ostern) bekannt. Bei Theaterfreunden haben die Thaurer Schlossspiele, Freilichtaufführungen vor stimmungsvoller Kulisse, einen sehr guten Ruf.

◉ 🏛 Swarovski Kristallwelten ➡ D8

Kristallweltenstr. 1, Wattens
✆ (052 24) 510 80
www.kristallwelten.swarovski.com
Tägl. 10–19 Uhr, Eintritt € 19/7,50
André Heller hat die unterirdischen Schauräume des Schmuckherstellers gestaltet. Besucher können dort auch bestaunen, was Künstler wie Brian Eno, Andy Warhol und Niki de Saint Phalle aus Swarovskis Lieblingsmaterial, dem Kristall, geschaffen haben. Ebenfalls beeindruckend ist der Park mit seinem künstlerischen Neuzugang – einer Wolke aus 800 000 Kristallen.

◉ Schwaz ➡ C/D9

Das 13 000-Einwohner-Städtchen war einst wegen des Abbaus von Silber und Kupfer bedeutsam. An Unternehmer vergangener Epochen, die durch den Erzabbau reich geworden sind, erinnert das **gotische Fuggerhaus** nahe der Brücke am Stadtplatz. Sehenswert ist auch

Wunderschön Illuminiertes gibt es in Swarovskis Kristallwelten zu bewundern

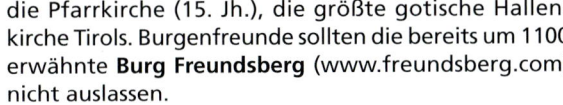

die Pfarrkirche (15. Jh.), die größte gotische Hallenkirche Tirols. Burgenfreunde sollten die bereits um 1100 erwähnte **Burg Freundsberg** (www.freundsberg.com) nicht auslassen.

Etwa 1 km südöstlich von Schwaz hat man einen Stollen des stillgelegten Silberbergwerks als **Schaubergwerk** (www.silberbergwerk.at) eingerichtet. Besucher fahren mit einer Grubenbahn in den Berg und tauchen bei der 90-minütigen Tour in die faszinierende Welt der Bergleute ein.

Das Silberbergwerk in Schwaz war im Mittelalter äußerst ertragreich (links)

Von der Höhenburg Freundsberg kann man das Inntal überblicken (rechts)

🏛 📺 Museum der Völker → C/D9
St. Martin 16, Schwaz
✆ (052 42) 660 90, www.museumdervoelker.com
Do–So 10–17 Uhr, Führungen So 14 Uhr, Eintritt € 11/8
Das Museum der Völker beherbergt eine einzigartige ethnographische Sammlung zu Westafrika und Südostasien. Es beschäftigt sich mit Themen wie Identität, Rollenbilder und Spiritualität. Ein buntes Programm an Veranstaltungen ergänzt das Angebot an ständigen Ausstellungen.

👁 Schloss Tratzberg → C9
Jenbach
✆ (052 42) 635 66, www.schloss-tratzberg.at
Führungen tägl. 10–16, Juli/Aug. bis 17 Uhr
Eintritt € 12,50/7,50
Das spätgotische und in der Renaissance erweiterte Schloss, das östlich von Stans am Berghang liegt, diente schon den Augsburger Fuggern als Jagdschloss. Nach

MUSEUM DER VÖLKER

Das 1995 gegründete Museum beherbergt
Objekte aus Afrika, Asien und Indonesien, die
der Fotograf und Journalist Prof. Gert Chesi über
50 Jahre lang gesammelt und als Schenkung
2016 der Stadt Schwaz überlassen hat.

Die kulturwissenschaftlich und kunsthistorisch
außergewöhnliche Sammlung fordert auf,
kulturelle Vielfalt, historische und aktuelle
Gesellschaftsentwürfe und unterschiedliche
Lebensweisen von Menschen zu thematisieren.
Sie bietet außerdem die Möglichkeit, über den
eigenen Standpunkt nachzudenken, sich mit
anderen Kulturen auseinanderzusetzen.

Respekt ist die Haltung, mit der im Museum der
Völker dem „Anderen", aber auch dem
„Eigenen" begegnet wird. Wir freuen uns über
einen offenen Dialog mit allen Besucherinnen
und Besuchern.

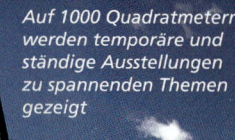

*Auf 1000 Quadratmetern
werden temporäre und
ständige Ausstellungen
zu spannenden Themen
gezeigt*

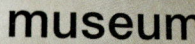

museum

mehreren Besitzerwechseln blieb es fast 150 Jahre lang unbewohnt – und wurde deshalb auch nicht verändert, nicht einem neuen Zeitgeschmack angepasst. Aus heutiger Sicht ist das ein Glück, denn so lässt sich die Originaleinrichtung aus dem 16. Jh. bestaunen. Kurzweilig sind die rund einstündigen Führungen durch Räumlichkeiten und Jahrhunderte.

Kitzbühel ➡ C12
und die Kitzbüheler Alpen ➡ C/D10–14
Die Kitzbüheler Alpen erstrecken sich vom Zeller See im Osten bis zum Zillertal im Westen. Der höchste Gipfel ist das Kreuzjoch mit 2558 Metern, Wanderer und Mountainbiker finden Trails von sanft bis knackig. Kartenmaterial für alle gibt's in den Kitzbüheler Tourist Informationen. Von Frühsommer bis Herbst bieten diese wochentags auch kostenlose geführte Wanderungen an.

Kitzbühel, eine 8500-Einwohner-Gemeinde 95 Kilometer östlich von Innsbruck, ist Tirols legendärster **Wintersportort** und gehörte eine Zeit lang zu den Lieblingszielen reicher Russen. Zu Wohlstand hat es die Gemeinde aber schon viel früher gebracht: Im

Blick auf Kitzbühel und die Kitzbüheler Alpen

In der Vorderstadt befinden sich zahlreiche Hotels, Restaurants und Einkaufsmöglichkeiten

16. Jahrhundert wurde in der Region Silber gefunden und dann abgebaut. Mitte des 19. Jahrhunderts kamen die ersten Sommerfrischler. 1895 wurde das erste Skirennen veranstaltet. Längst ist das **Hahnenkamm-Rennen** allen Ski-Fans ein Begriff.

Heute besticht Kitzbühel mit allem, was man für den weißen Sport braucht, mit Pisten, Loipen, hochmodernen Lift- und Gondelanlagen, Funparks und Winterwanderwegen. Dank der Nord-West-Staulage am Alpenkamm gibt es von November bis weit ins Frühjahr hinein reichlich Tief- und Pulverschnee, was die Region zu einem der schneesichersten Skigebiete weltweit macht.

ℹ **Kitzbühel Tourismus** ➜ C12
Hinterstadt 18, 6370 Kitzbühel
✆ (053 56) 666 60, www.kitzbuehel.com
Mo–Fr 8.30–18, Sa 9–14, So 10–12 und 16–18 Uhr

🏛 **Kitzbühel Museum und Sammlung Alfons Walde**
➜ C12
Hinterstadt 32, Kitzbühel
✆ (053 56) 672 74, www.museum-kitzbuehel.at
Di–Fr, So 14–18, Sa 10–18 Uhr, Eintritt € 7, Kinder frei
Vom bronzezeitlichen Bergbau bis zum modernen Wintersport: Das Heimatmuseum widmet sich allen für die Entwicklung des Orts relevanten Themen – auch mit Film- und Audiomaterial. Das Haus beherbergt ebenfalls Gemälde und Grafiken des Kitzbüheler Malers Alfons Walde (1891–1958), der Tiroler Landschaften malte und in den 1930ern erste Werbeplakate für den jungen Wintersportort Kitzbühel entwarf.

KITZBÜHEL

Kitzbühel, Tirol

Zweifellos gehört Kitzbühel zu den bekanntesten Ski-Destinationen von Tirol und eigentlich von ganz Österreich. Das Beste dabei: Der auf 800 Metern Höhe gelegene Ort inmitten der Kitzbüheler Alpen ist dazu noch sehr hübsch anzusehen und ein perfekter Ausgangspunkt für Erkundungen in der Umgebung im Sommer wie im Winter.

Im 12. Jahrhundert wurde »Chizbuhel« erstmals urkundlich erwähnt. Etwa 300 Jahre später erreichte der Bergbau eine erste Blüteperiode, als Zeitzeuge gilt die schlicht gehaltene gotische Katharinenkirche, auf deren Altar eine auf einer Mondsichel schwebende Madonna zu sehen ist. Mit der Entdeckung von Silber im Folgejahrhundert ergriff ein erster Reichtum den Ort. Zum Glück konnte sich das heute 8200 Einwohner zählende Kitzbühel einen Großteil der historischen Bausubstanz wie die Holzbauten im Unterinntaler Bauernhausstil mit vorspringenden Satteldächern erhalten.

Das Zentrum von Kitzbühel.

Die Eröffnung der Eisenbahnverbindung ab Salzburg 1975 war der Grundstein zum überregionalen Fremdenverkehrsort. Schon 1895 fand das erste Skirennen statt und prägte den Ruf Kitzbühels als Wintersportort. Als Highlight des Weltcups gilt seit 1931 das Hahnenkamm-Rennen in der zweiten Januarhälfte. Der Streckenrekord beträgt 103 km/h auf einer der spektakulärsten Skiabfahrten der Welt.

Kein Wunder, dass derlei Topevents das Jetset anziehen. Denn abseits solcher sportlichen Hochleistungen ist Kitzbühel vor allem bekannt als Ort aufgemotzter Nerzträgerinnen, zeigesüchtiger Promis und der »neuen Russen«. Sie alle sind da, aber als Randerscheinung – das Städtchen bleibt vor allem Wintersportort.

Das gemeinsame Skigebiet mit Kirchberg und Jochberg erstreckt sich zwischen dem Kitzbüheler Horn (1996 m) und dem Hahnenkamm (1712 m) mit 230 Pistenkilometern, 62 Kilometern Langlaufloipen sowie 57 Seilbahnen.

Doch auch, wenn der Schnee geschmolzen ist, hat der Ort Aktivurlaubern viel zu bieten. Im Sommer locken präparierte Wander- und Randwanderwege auf 14 ausgeschilderten Routen mit zusammen 1200 Kilometern. Einmal im Jahr gibt es ein besonderes sportliches Highlight: Seit 1971 zieht es Abenteuerlustige beim Radrennen im August auf das Kitzbüheler Horn, den steilsten Radberg Österreichs.

Ebenfalls im August startet auf dem Kitzbüheler Hauptplatz alljährlich der Bergstraßen-Lauf. Auf einer Strecke von knapp 13 Kilometern sind 1234 Meter Höhenunterschied das Kitzbüheler Horn hinauf zu bewältigen.

INFO: Kitzbühel liegt ca. 90 km östlich von Innsbruck. **INFO KITZBÜHEL:** Kitzbühel Tourismus, Hinterstadt 18, 6370 Kitzbühel, Tel. (053 56) 666 60, www.kitzbuehel.com.

⊚ Geburtshaus von Toni Sailer ➜ C12

Bichlstr. 10, Kitzbühel

Er ging als »der schwarze Blitz von Kitz« in die Skisportgeschichte ein – Toni Sailer, dreifacher Olympiasieger und siebenfacher Weltmeister, wurde 1935 in diesem Haus geboren.

⊚✕ Streif ➜ C12

Kitzbühel

Tickets für Super-G, Abfahrt und Slalom unter www.hahnenkamm.com

Sie gilt als eine der schwierigsten Skipisten der Welt – die »Streif« mit ihren Steilhängen, Schrägfahrten, Kurven und spektakulären Bodenwellen. Jedes Jahr im Januar kämpfen hier die besten Skiläufer der Welt beim **Hahnenkamm-Rennen.** Wenn kein Rennen stattfindet, können sich alle Wintersportler auf der Streif ausprobieren, es gibt unterschiedliche Parcours, auch eine »Familienabfahrt«, auf der natürlich die schwierigsten Abschnitte ausgespart werden.

✕ Bergdiele Stamperl ➜ C12

Franz-Reisch-Str. 7, Kitzbühel

✆ (053 56) 674 03, www.bergdiele-stamperl.at

Tägl. außer Mo 18–2 Uhr

Küchenchef Mario Peschel und sein Team verstehen sich ebenso auf traditionelle österreichische Hausmannskost

Bereits seit 1931 finden am Hahnenkamm Wettkämpfe im alpinen Skisport statt

Beschaulich: Reith bei Kitzbühel

wie auf raffinierte Saisonküche mit mediterranem Einschlag – alles auf Haubenniveau. Im Weinkeller lagern rund 10 000 Spitzenweine aus allen Ecken der Welt. €€

⊠ Wirtshaus zum Rehkitz ➡ C12
Am Rehbühel 30, Kitzbühel
✆ (053 56) 661 22, www.rehkitz.at
Tägl. 12–23 Uhr, in der Nebensaison Mi geschl.
Klassiker der regionalen österreichischen Küche – zubereitet auf Haubenniveau. €€

ⓨ Fünferl ➡ C12
Franz-Reisch-Str. 1, Kitzbühel
✆ (053 56) 71 30 05
Mi–Sa 18–4 Uhr
In der angesagten Bar beginnen die Abende mit einem kühlen Cocktail und enden gegen Morgen schon mal mit einem Tänzchen auf dem Tresen.

Ausflugsziele:

◉⛱⛤⚏ Reith bei Kitzbühel ➡ B12
Nur 3 km vom quirligen Kitzbühel entfernt liegt, eingerahmt von den imposanten Gipfeln des Wilden Kaiser, das idyllische Dorf mit seiner barocken Pfarrkirche. Im Sommer lockt das Waldbad Gieringern Weiher, im

Der Naturbadesee Schwarzsee ist vor allem im Sommer ein tolles Ausflugsziel für die ganze Familie

Winter empfiehlt sich der Ort mit Skischule und Anfängerpiste; Langlauf ist auch nach Sonnenuntergang problemlos möglich – der Nachtloipe sei Dank. Einkaufen kann man in Reith ebenfalls gut, und zwar Tiroler Speck, Honig, Käse und andere Milchprodukte. Die gibt es in hervorragender Qualität direkt bei den Bauern.

Schwarzsee ➡ C12

Zwischen Kitzbühel und Reith bieten sich ganz besondere Badefreuden: Der Schwarzsee ist Tirols wärmster Moorsee, im Sommer steigt die Wassertemperatur auf angenehme 27 °C. Die Wasserqualität ist hervorragend, weshalb sich auch Hechte, Zander, Karpfen und Schleien in diesem Gewässer tummeln. In der Nachbarschaft des Sees liegen Campingplatz, Hallenbad und zahlreiche Gastronomiebetriebe. Die Badeanstalten am See haben von Juni bis August täglich 8–18 Uhr geöffnet.

Aurach bei Kitzbühel ➡ C12

5 km südlich von Kitzbühel liegt dieses Dorf mit gut 1000 Einwohnern. Mit seinem Zwiebelturm und der malerischen Alpenkulisse entzückt es seit mehr als 100 Jahren Landschaftsmaler. Im Winter ist Aurach ein beliebtes Ziel für Langläufer, die in Kitzbühel in die Loipe steigen. Im Sommer locken urige Almen. Eine Attraktion ist der Auracher Wildpark, in dem Rotwild, Dam-, Stein- und Muffelwild sowie Luchse und Yaks anzutreffen sind (Fütterung tägl. 14.30 Uhr).

⊛⚹ St. Johann in Tirol ➡ B12

Etwa 10 km nördlich von Kitzbühel lockt St. Johann mit seinen schmucken Bauernhäusern, die Bilderbuch-charakter haben. Ein Blick in die barocke Pfarrkirche lohnt sich: Die Stuckarbeiten und die Deckenmalerei sind beachtenswert! Im Winter empfehlen sich in St. Johann und den Nachbargemeinden Kirchdorf und Erpfendorf die Skigebiete, in denen Anfänger und Könner auf ihre Kosten kommen. Nichtskifahrern bietet sich reichlich Gelegenheit, den Winter bei (kostenlosen) geführten Wanderungen auf geräumten Wegen und Schneeschuhwanderungen durch naturbelassenes Winterwunderland aktiv zu erleben.

Von St. Johan aus erreicht man in nur wenigen Fahrminuten **Ellmau** ➡ B12 am Fuße des Wilden Kaiser. Die imposante Naturkulisse macht den kleinen Ort zum beliebten Film- und TV-Dorf – auch der »Bergdoktor« ist hier zu Hause.

Kitzbüheler Alpen bei Sonnenuntergang

ℹ St. Johann Tourismus ➡ B12

Poststr. 2, 6380 St. Johann in Tirol
✆ (053 52) 63 33 50
www.kitzbueheler-alpen.com/de/st-johann-in-tirol/info/infobuero-st-johann-in-tirol.html
Mo–Fr 8.30–18, Sa 9–13, So 10–12 Uhr

✕ Kochbar Tirol ➡ B12

Dechant-Wieshofer-Str. 11, St. Johann in Tirol
✆ (053 52) 222 31, www.kochbar.tirol
Di–Sa 9–14 und 17–23 Uhr

Kühe weiden auf der Angerer Alm bei St. Johann in Tirol

Kleines Restaurant mit exquisiten Speisen, gekocht wird nach dem Motto »weniger ist mehr«, täglich wechseln die Gerichte, statt einer Speisekarte gibt es eine Tafel mit dem Tagesangebot. €€

🏦 Hofladen Bauernhof Laffern ➡ B12
Oberhofen 4, St. Johann in Tirol
✆ (053 52) 624 06, www.kitzbueheler-alpen.com/de/st-johann-in-tirol/info/hofladen-bauernhof-laffern.html
Käse, Milch, Wurst- und Fleischwaren, Marmelade und Likör – das Angebot macht Gerne-Gut-Essern Freude.

Kufstein und Kufsteinerland ➡ B11
Kufstein ist wegen seiner charmanten Altstadt und der zahlreichen kleinen Seen in der Umgebung ein viel besuchter Ferienort. Wahrzeichen ist die gut erhaltene **Festung**, mit der sich die Siedlung im Grenzgebiet zwischen Bayern und Tirol im Mittelalter gegen die andauernden Eroberungsversuche von der einen oder anderen Seite schützte. Kufsteins Bergwelt wird beherrscht vom **Pendling** im Südwesten und dem **Kaisergebirge** im Osten, das zu großen Teilen unter Naturschutz steht.

ℹ Tourismus Kufsteinerland ➡ bA2
Unterer Stadtplatz 11, 6330 Kufstein
✆ (053 72) 622 07, www.kufstein.com
Mi–Fr 9–18, Sa 9–13 Uhr

Schon von Weitem sichtbar überragt die Festung Kufstein die gleichnamige Stadt

Und immer wieder kommt der Bergdoktor

Seit elf Jahren wird vor der Kulisse des Wilden Kaiser »Der Bergdoktor« gedreht. In Ellmau, Going und Scheffau, den Dörfern am Fuße des Bergmassivs, hat man sich inzwischen perfekt auf den Dauerdreh eingestellt. Wenn sich das Pfarrhaus zur Apotheke verwandelt, ist beim Bergdoktor bald Drehbeginn. Kurz bevor Schauspieler und Kamerateam anrücken, wird der Dorfplatz von Going umdekoriert. Aus dem Wohnhaus vom Hans Gschwendtner wird das »Gasthaus Wilder Kaiser« und das Bürgermeisteramt verwandelt sich in die Polizeistation.

Für Deutschlands beliebteste Arztserie verwandelt sich Going in Ellmau. In der Fernsehwirklichkeit praktiziert Hans Sigl, alias Dr. Martin Gruber, nämlich im bekannteren Nachbarort. Im richtigen Leben stieß die Filmcrew dort jedoch auf ein logistisches Problem. In Ellmau gibt es keine Umgehungsstraße und so fließt der Verkehr auch am Dorfplatz vorbei. Weil stundenlange Sperrungen für den Dreh hier also nicht möglich sind, zog man in den Nachbarort um. In Going liegt der Dorfplatz abseits und verkehrsberuhigt. Außerdem erhebt sich an seinem Rand praktischerweise gleich die Kirche – sie ist in der Serie ein beliebtes Motiv. Die Intensivstation, in der der Bergdoktor die schweren Fälle versorgt, hat man in der Tennishalle von Scheffau nachgebaut. Damit alles möglichst echt wirkt, ist das Filmkrankenhaus ausschließlich mit Originalgeräten ausgestattet. Und damit Hans Sigl eine gute Figur macht, hat ihn ein richtiger Mediziner zum Bergdoktor »ausgebildet«. Schließlich soll jeder Handgriff im OP sitzen und vor allem glaubwürdig aussehen.

ℹ Tourismusverband Wilder Kaiser ➡ B12
Dorf 35, Ellmau
✆ (050) 50 94 10, www.wilderkaiser.info

◉ Feste Kufstein ➡ bB/bC1/2
Festung 2, Kufstein
✆ (053 72) 665 25, www.festung.kufstein.at
Tägl. April–Okt. 9–18, Nov.–März 10–17 Uhr
Eintritt € 12,50/7,50
Eine Burg, ursprünglich im Besitz der Regensburger Bischöfe, gab es hier schon seit dem 12/13. Jh. 1504 wurde sie vom späteren Kaiser Maximilian I. für die Habsburger eingenommen und darauf zur stärksten Festung Österreichs ausgebaut. Täglich um 12 Uhr ertönt eine Orgel mit 4948 Pfeifen und 46 Registern im Bürgerturm der Feste. Das Konzert soll an die Gefallenen der beiden Weltkriege erinnern. Während der Österreich-Ungarischen Monarchie diente der oberste Stock des Kaiserturms der Festung Kufstein als Staatsgefängnis. Zu den teils prominenten Häftlingen, die hier festgehalten wurden, gehörte auch der ungarische Schriftsteller Ferenc Kazinczy (1759–1831), der die Zeit seiner Inhaftierung in dem Buch »Tagebuch meiner Gefangenschaft« beschrieb.

◉ 🏛 👥 Tiroler Glashütte Riedel ➡ südl. bC1
Weissachstr. 28–34, Kufstein
✆ (053 72) 648 96, www.riedel.com
Glashütte Mo–Fr 9–12 und 13–16, Shop und Outlet Mo–Fr 9–18, Sa 9–16 Uhr, Eintritt Glashütte € 5/3
Hier wird das Traditionshandwerk gepflegt, wunderschöne Glaskreationen sind im interaktiven Museum zu bewundern.

Schauraum der Glashütte Riedel

FESTUNG KUFSTEIN

Kufstein, Tirol

Heute geht es in der Grenzregion zwischen Tirol und Bayern friedlich zu. Das war nicht immer so. Kufstein war als die »Perle Tirols« ein für Fürsten stets äußerst begehrtes Objekt. Es liegt, in die Bergwelt eingebettet, am Durchbruch des unteren Inn zwischen dem Kaisergebirge im Osten und Pendling im Südwesten, strategisch günstig positioniert. Deshalb entstand auf dem schroffen Festungsberg oberhalb der Stadt vermutlich bereits im 12. Jahrhundert – 1205 erstmals als Castrum Caofstein erwähnt – die Feste Kufstein, das Wahrzeichen der Stadt. Das Bollwerk hat alle Stürme der Jahrhunderte nahezu unbeschadet überstanden und ist heute nicht nur ein mächtiges steinernes Geschichtszeugnis, sondern auch ein kultureller Anziehungspunkt.

Wahrzeichen der Stadt: Festung von Kufstein.

Es war 1504 ein großer Triumph für Kaiser Maximilian I., als er die Feste den Bayern entreißen konnte. Weil die Burg als uneinnehmbar galt, ließ der Kaiser Riesenkanonen fabrizieren, die Namen wie »Weckauf« trugen, löste selbst den ersten Schuss und ließ das Gemäuer sturmreif schießen. Die Verteidiger wähnten sich sicher und verhöhnten die Angreifer, indem sie in Feuerpausen demonstrativ die Mauern mit Besen abkehrten. Diese Demütigung bezahlte der Chef der Verteidiger, Hans von Pienzenau, nach Einnahme der Burg mit seinem Leben: Er wurde öffentlich geköpft. Maximilian ließ die Anlage neu errichten und noch massiver ausbauen, der nach ihm benannte, 90 Meter hohe Kaiserturm ist bis weit ins Land hinein zu sehen. Die Festung gehört zu den beliebtesten touristischen Zielen im Tiroler Unterland, in ihr ist das Heimatmuseum mit der Heldenorgel, der größten Freiluftorgel der Welt, untergebracht. Bei Nacht bietet sie, hell angestrahlt, einen prächtigen Anblick.

Die Josefsburg, ein Teil der Festung, erhielt 2006 eine hochmoderne mobile Überdachung und lädt als »Festungsarena« zu ausgefallenen Veranstaltungen ein. Dazu gehören das Rilke-Projekt, ein poetisches Gesamtkunstwerk aus Lyrik, Musik und assoziativen Bildern, die Kaisertage der Volksmusik, Theaterinszenierungen, die Auftritte von Opernchören und Orchestern, aber auch Popmusik-Veranstaltungen. In der Adventszeit gibt es den »Weihnachtszauber«, dabei werden die romantischen Kasematten einbezogen.

INFO: Kufstein liegt ca. 80 km südwestlich von Innsbruck. **INFO FESTUNG KUFSTEIN:** Festung 2, 6330 Kufstein, Tel. (053 72) 665 25, www.festung.kufstein.at, Öffnungszeiten April–Okt. tägl. 9–18, Nov.–März 10–17 Uhr, Eintritt Sommer € 12,50, ermäßigt € 7,50, Winter € 11, ermäßigt € 6,50. **INFO AUFSTIEG:** Zu Fuß auf einem überdachten Stufenweg an der Pfarrkirche vorbei zur Festung. Man kann auch den gläsernen Schrägaufzug vom Festungsneuhof aus benutzen.

Rathaus der knapp 19 000 Einwohner zählenden Stadt

🎎 Trachten Stolzer ➡ bB2
Kirchgasse 3, Kufstein
✆ (053 72) 639 65
www.trachtenstolzer.at
Mo–Fr 9–18, Sa 9–17 Uhr
Das Geschäft in der Kufsteiner Altstadt ist kein normaler Trachtenladen. Hier will man die Kundschaft mit flippig-frechen Kreationen für die traditionellen Kleidungsstücke Dirndl und Lederhose begeistern. So gibt es Dirndl im Leo-Look, Kuhfell-Lederhosen, Strampler in Lederhosenoptik und witzige Accessoires wie knallbunte Pumps und extravagante Hüte.

✖🛏🎎🚡 Weinbergerhaus ➡ B11
Stadtberg 8, Kufstein
✆ (06 64) 25 64 760
www.weinbergerhaus.at
Tägl. 10–20 Uhr
Eingebettet in das Naturschutzgebiet Wilder Kaiser trumpft das Weinbergerhaus mit Ruhe, Erholung und regionalen Speisen auf. Auf der Alm werden Produkte der seit 2017 dort ansässigen Alpakas verkauft. Mit einzigartiger Aussicht ins Inntal und die Tiroler Bergwelt.

Ausflugsziele:

👁🦅✖ Stimmersee ➡ B11
Mehrere kleine Seen locken mit Badestellen, Strandbädern und Bootsverleih. Besonders lauschig ist es am 3 km südwestlich von Kufstein gelegenen, von Wald umrahmten Stimmersee.

Von außen ganz traditionell: Trachten Stolzer

am Wilden Kaiser
1272 Meter

Dem Genuss so nah, der Arbeit so fern.

Willkommen am schönsten Platz zum Sundownern!

Wir wirtschaften ökologisch nachhaltig um Natur und Ressourcen zu schützen.

Regionale Gepflogenheiten, Bräuche und Sitten sind uns wichtig.

Regionale Produkte und ein herzliches Miteinander machen Qualität für uns aus.

WEINBERGERHAUS
1300 m

Unser Küchenteam verwöhnt Sie von 10 bis 20 Uhr.

Weinbergerhaus GmbH, Stadtberg 8, 6330 Kufstein/Österreich | +43 664 25 64 760 | mail@weinbergerhaus.at
www.weinbergerhaus.at

Burg Mariastein wirkt von außen eher schlicht (links), doch ist eine eindrucksvolle Pilgerstätte (rechts)

Schloss Mariastein → B10
Mariastein
℡ (053 32) 564 74
Tägl. 9–17 Uhr, Eintritt frei
Auf einem Felsen oberhalb des gleichnamigen Ortes thront das Schloss, anfangs als Burg auf dem Stayn bekannt. 1361 wurde der Wehrturm als Sicherung der alten Römerstraße erbaut. Wenige Jahre später wurde die Burg an die bayerischen Herzöge verkauft. Im 15. und 16. Jh. erweiterte man sie um einen Wohntrakt – das Schloss. Seit 1834 ist die Anlage im Besitz des Erzbistums Salzburg und wird von Geistlichen bewohnt. Schlossmuseum und Wallfahrtskirche sind zu besichtigen. Der besondere Stolz des Museums sind die Tiroler Landesinsignien mit dem Erzherzoghut und dem Zepter von Maximilian III.

Brennerei Hoick → B11
Höhe 48, Schwoich
℡ (0664) 365 75 65, www.edelbrandbrennerei.at
Öffnungszeiten nach tel. Vereinbarung
160 Birnen-, Zwetschken- und Apfelbäume auf den eigenen Streuobstwiesen liefern die Grundsubstanzen für die Edelbrände von Manfred Höck. Der Betrieb im malerischen Dorf Schwoich gehört zu den über 40 Tiroler Brennereien an der **Tiroler Schnapsroute**.

Hexenwasser Söll: Wir verführen Sie zum Staunen, Begreifen und Verstehen und zum barfuß Denken ▷

Hexenwasser Söll → B/C11
Stampfanger 21, Söll
℡ (053 33) 52 60, www.hexenwasser.at
Tägl. 8.45–17 Uhr, Eintritt € 23/18

Winterpanorama vom Kaisertal auf den Pendling

Das Freizeitgelände entlang der Bergbahn Söll besticht u. a. mit einem Barfuss-Erlebnisweg, einem Schau-Bienenhaus und einer Indoor-Wasserwerkstatt. Man kann beim Brotbacken zuschauen oder aber herausfinden, wie aus einem kleinen Kern ein großer Kirschbaum wird. Ein Erlebnis für Groß und Klein.

Kaisertal ➡ B11

Das Kaisertal, ein Taleinschnitt zwischen den Bergen Zahmer und Wilder Kaiser, war das letzte Tal Österreichs, das an das Straßensystem angebunden wurde. Erst seit wenigen Jahren gibt es für die Anfahrt einen Tunnel, der allerdings nur von den rund 35 Bewohnern des Tals genutzt werden darf. Alle anderen können es nur auf Schusters Rappen erreichen. Auf sie wartet ein beschaulicher Aufstieg über 282 Stufen; Ausgangspunkt ist der Ort Ebbs. Oben angekommen wird man reich belohnt – mit Naturidylle, urigen Almhütten und unwiderstehlichen regionalen Spezialitäten.

Das Kaisertal und die Bergwelt des **Zahmen Kaiser** ➡ A/B11/12 lassen sich ab Ebbs auf dem **Erlebnisweg Kaisertal** (www.kufstein.com/de/tours/erlebnisweg-kaisertal.html) erkunden. Die Tour ist als mittelschwierig klassifiziert und lässt sich in zwei oder drei Tages-

WILDER KAISER

Scheffau, Tirol

Carl Spitzweg, der Malerpoet aus München, war einer der ersten Sommerfrischler am Wilden Kaiser. Vor mehr als 150 Jahren logierte er im Gasthof Maikircher in Scheffau. Ihm folgten aus den großen Städten andere Natursüchtige: Bohemiens, Philosophen, Weltverbesserer, Künstler und brave Bürger. Das verraten noch vorhandene Ansichtskarten. Auf einer schreibt ein Kajetan Sedlmayr an ein »Wohllöbliches Fräulein Marie«: »Vom Ziemer wollen wir zu Scheffau beim Gasthause speisen und den Tiroler Roten goutieren. Denn vom Jahrgange 1887 soll selbiger gar trefflich geraten sein.« Das Schwärmen geht weiter, erst dann verspricht der junge Mann seiner Angebeteten: »Zu Beginn des Wintersemesters weile ich wieder im heimatlichen München.«

Man kann es lange am Wilden Kaiser aushalten, wenn man nicht auf eine moderne Infrastruktur mit Après-Ski und Nachtleben festgelegt ist. In der eindrucksvollen Bergwelt, die als mächtiger Riegel das fruchtbare Inntal nach Norden hin gegen das bayerische Alpenvorland abschottet und für ein günstiges Jahresklima sorgt, wird die Natur als Trumpf ausgespielt. Wanderwege, die durch uriges Gelände führen, ersetzen eine von Boutiquen gesäumte Fußgängerzone. Almhütten sind wichtiger als Cafés und Bars, vor allem die gemütliche Kaindlhütte und die Gruttenhütte. Viele Gipfel sind mehr als 2000 Meter hoch, die Marterl und Kreuze dort oben zeigen die tief verwurzelte Frömmigkeit der Menschen in der Region. Die alte Holzbaukunst und die narrative Malerei haben noch heute große Bedeutung, Trachten werden über Generationen weitervererbt und Blasmusiker geben sich würdevoll.

Im Fohlenhof von Ebbs, bereits im Jahr 788 als *ad Episas* (Pferdetränke) erwähnt, werden Haflinger gezüchtet. Die zähe Pferderasse, eine Mischung aus Tiroler Gebirgsstute und Araberhengst, wird auch vor Wagen und im Winter vor Schlitten gespannt.

Warum das Gebirge »Wilder Kaiser« heißt, ist auf seine einmalige Lage zurückzuführen: Nördlich der Kitzbüheler Alpen und östlich vom Inn erhebt es sich plötzlich aus dem weiten Wiesenvorland mit gewaltigen, steilen Felsformationen, die oft an Mauern und Türme erinnern, wuchtig und schön zugleich. Das wildzerklüftete Bergmassiv ist beliebt bei Bergsteigern und Kletterern.

INFO: Scheffau liegt ca. 80 km nordöstlich von Innsbruck. **INFO WILDER KAISER:** Tourismusverband Wilder Kaiser, Dorf 28, 6351 Scheffau am Wilden Kaiser, Tel. (050) 50 93 10, www.wilderkaiser.info.

Kapelle in Hinterbärenbad vor der Kulisse des Kaisergebirges.

etappen bewältigen. Unterwegs bieten zahlreiche Hütten und Gasthöfe Gelegenheit zur zünftigen Einkehr, z. B. das Weinbergerhaus (vgl. S. 136), von wo sich ein atemberaubendes Panorama über das Inntal und das Bergmassiv Wilder Kaiser bietet. Wer nicht so gut zu Fuß ist, kann diese Station auch mit dem Sessellift (ab Kufstein, Ortsteil Obere Sprachen) erreichen.

❾ 🕴🏛 Fohlenhof Ebbs ➜ A11

Schlossallee 27, Ebbs
✆ (053 73) 422 10, www.haflinger-tirol.com/de/fohlenhof/oeffnungszeiten-am-fohlenhof-ebbs.html
Gestütsbesichtigung € 8/4

Mögen Sie Pferde? Dann sollten Sie dieses Ziel unbedingt ansteuern. Hier tummeln sich die Rotbraunen mit der blonden Mähne auf den Koppeln. Mit rund 100 Pferden dieser Rasse ist Ebbs das Weltzentrum der Haflingerzucht. Über die Geschichte der Haflinger können sich Besucher im angeschlossenen Museum informieren, Highlights sind die vielen Veranstaltungen, von der Auktion bis zur Hengst- und Stuten-Elite-Show. Wie vielseitig einsetzbar Haflinger sind, beweisen die Tiere freitagabends in einer 60-minütigen Show vor großem Publikum. Wer selbst an seiner Reitpraxis arbeiten will, kann zum mehrtägigen Intensivreitkurs einchecken (auch für Anfänger).

Haflinger in Ebbs

Alpin Ballooning im Kaiserwinkel

In der letzten Januarwoche geht es bunt zu am Himmel über dem Kaiserwinkel an der österreichisch-deutschen Grenze. Dann findet in der kleinen Gemeinde Kössen das Alpin Ballooning statt – eine Woche lang fahren 50 Ballons um die Wette. Am Startplatz fauchen die Gasbrenner, wilde Flammen züngeln in die Höhe. Die Piloten bereiten ihre Heißluftballons für den Start vor. Zunächst wird kalte Luft in den Ballon geblasen, anschließend mit einem Brenner auf 80 bis 100 °C erwärmt. Erst dann richten sich die knallbunten Ballone auf und die große Ausfahrt kann beginnen. Dass Ballone nicht fliegen, sondern fahren, das lernt auch der Laie schnell, denn die Kapitäne der Lüfte bestehen auf der richtigen Wortwahl.

Es offenbart sich ein einmaliger Blick auf grandiose Bergnatur, wenn das verschneite Tal tief unter einem liegt und der Ballon knapp an hohen Gipfeln vorbeifährt. Ruhig und friedlich ist es hier oben – zumindest so lange der Pilot nicht den Brenner bedient. Die Luft im Ballon muss immer warmgehalten werden, andernfalls geht es gemächlich zurück in Richtung Erdboden. Wer sich einmal wie ein Spaziergänger in der Luft fühlen und langsam über die Landschaft schweben will, bucht sich einfach in einem der Ballons als Passagier ein. Besonders spektakulär ist es, wenn alle Ballons gleichzeitig in der Luft sind. Dann scheint es, als hätte ein Künstler den strahlend blauen Winterhimmel mit kunterbunten Farbklecksen verziert.

⚑ Alpin Ballooning ➜ A12
Kössen
✆ (0664) 505 05 71 (tel. Voranmeldung)
www.kaiserwinkl.com/de/veranstaltungen-tirol/alpin-ballooning.html
Zuschauer Eintritt frei, Mitfahrt im Ballon ab € 220

Die legendäre »Kuhstallstube« mit Blick in den Kuhstall der hauseigenen Bio-Landwirtschaft des Stanglwirt

⛨ Biosennerei Hatzenstädt → A11
Gränzing 22, Niederndorferberg
✆ (053 73) 617 13, www.hatzenstaedt.at
Mo–Fr 9–12 und 14–18, Sa 9–12 und 14–17, So 9–11 Uhr
Rund 40 Biobauern beliefern die mehrfach ausgezeichnete Biosennerei, die Milch zu Butter, Topfen, Joghurt und Almkäse verarbeitet. Im Sennereiladen kann man die frische Ware kaufen.

✗ Blaue Quelle → A11
Mühlgraben 52, Erl
✆ (053 73) 81 28, www.blauequelle.at
Mi–So mittags und abends
Kleine Speisekarte mit Saisongerichten, z. B. Backhendel, Tafelspitz oder Pasta mit Flusskrebsschwänzen – in diesem urgemütlichen Gasthaus serviert man Ihnen Speisen auf hohem Niveau. Tolle Weine, auch Raritäten österreichischer Spitzenwinzer. €€–€€€

✗ Stanglwirt → B12
Kaiserweg 1, 6353 Going am Wilden Kaiser
✆ (053 58) 20 00, www.stanglwirt.com
Tägl. 11.30–22 Uhr
Rustikale Tiroler Gaststätte am Fuße des Wilden Kaiser. Als Teil des Fünf-Sterne-Bio- und Wellnessresorts Stanglwirt werden hier in jahrhundertealter Tradition regionale Speisen serviert. Die Kuhstallstube bietet während des Essens Einblicke in den Kuhstall der Bio-Landwirtschaft.

Ziegen auf dem Adlerweg vom Wilden Kaiser zur Regalm

Moderne Architektur inmitten der Tiroler Berglandschaft: das Festspielhaus der Tiroler Festspiele Erl verbindet moderne Architektur mit exzellenter Akustik

Eingeschneiter Wintersportort Mayrhofen

🏵 Tiroler Festspiele/Passionsspiele → A11

www.passionsspiele.at

Der Passionsspielort Erl ist im Juli Schauplatz der Tiroler Festspiele (www.tiroler-festspiele.at). Eine viel längere Tradition haben jedoch die Passionsspiele – die Leiden Christi werden seit mehr als 400 Jahren eindrucksvoll auf die Bühne gebracht; die nächsten Passionsspiele finden von Mai bis Oktober 2025 statt.

Mayrhofen → E10

Die Marktgemeinde Mayrhofen (3800 Einwohner) ist ein idealer Ausgangspunkt für softe und sportliche Touren, z. B. im **Hochgebirgs-Naturpark Zillertaler Alpen** (www.naturpark-zillertal.at). Wer nicht einfach nur wandern will, kann sich hier auf unterschiedlichen **Klettersteigen** versuchen. Fixe Stahlseile, Klammern und Leitern helfen steile Wände zu bezwingen. Den Klettersteig Zimmereben können sogar Kinder bewältigen, schön, aber ziemlich anspruchsvoll ist der Klettersteig Nasenwand Ginzling. Abends sorgen Mayrhofens Bars, Clubs und Diskotheken für Action bis tief in die Nacht.

ℹ️ Tourismusverband Mayrhofen-Hippach → E10

Dursterstr. 225, 6290 Mayrhofen

✆ (052 85) 67 60, www.mayrhofen.at

Infomaterial zu allen Klettersteigen und Klettergärten der Region.

Weihnachtliches Treiben auf dem Christkindelmarkt in Mayrhofen

⊠ **Perauer** ➡ E10
Ahornstr. 854, Mayrhofen
✆ (052 85) 625 66, www.perauer.at
Tägl. 11–22 Uhr, Ende Okt. bis 6. Dez. geschl.
Tiroler Küche, wie sie sein soll. Zum Gasthof gehört eine eigene Metzgerei. Das Fleisch und andere Produkte stammen überwiegend aus der Region und werden so lecker zubereitet, dass sich der Perauer mit Auszeichnungen (u. a. 82 Punkte im Falstaff Gourmetguide) schmücken kann. €€

⊠ **Sieghard** ➡ D/E9/10
Johann-Sponring-Str. 83, Hippach, Ortsteil Schwendau
✆ (052 82) 33 09, www.sieghard.at
Di–Sa ab 18 Uhr
Seit vielen Jahren schon gehört das Sieghard zu den besten Restaurants Österreichs; aktuell darf es sich mit 2 Hauben und 13 Punkten im Gault Millau schmücken. Die kreativen Kreationen von Markus Bichler und seinem Team begeistern von Gang zu Gang. Gourmetmenüs gibt's auch rein vegetarisch, exzellente Weinbegleitung. €€

⊠ **Gasthof Hubertus** ➡ D10
Laimach 109, Hippach
✆ (052 82) 23 73

www.hubertushof-hippach.at
Tägl. 11–14 und 17–20 Uhr, Sept. geschl.
Gute Adresse für Klassiker wie Wiener Schnitzel, Zwiebelrostbraten oder Wildspezialitäten aller Art. Sehr freundlicher Service. €–€€

Pillerseetal → B13

Im Nordosten Tirols, an der Grenze zum Bundesland Salzburg und zum Freistaat Bayern, liegt der smaragdgrüne Pillersee, der dem Tal den Namen gab. Bergkulisse hoch drei: die Grasberge der Kitzbüheler Alpen sowie Loferer und Leoganger Steinberge geben hier den landschaftlichen Rahmen. Größter Ort im Tal ist **Fieberbrunn** → B13, eine Marktgemeinde mit 4300 Einwohnern, gefolgt von **St. Ullrich am Pillersee** → B13 mit knapp 2000 Bewohnern. Das idyllische Bergdorf **Hochfilzen** → B/C13 hat sich als Austragungsort des Biathlon Weltcups einen Namen gemacht. Für Badefreuden sorgt neben dem auch im Sommer recht kühlen Pillersee (bis 19 °C) der moorhaltige Lauchsee oberhalb von **Fieberbrunn** → B13.

Steil hinauf geht's im Klettergarten bei St. Ullrich am Pillersee

ⓘ Tourismusverband Pillerseetal → B13

Dorfplatz 1, 6391 Fieberbrunn
℅ (053 54) 563 04, www.pillerseetal.co,
www.kitzbueheler-alpen.com/de/pillerseetal/service/team-tourismusverband.html

Das beschauliche Hochfilzen mit seinen knapp 1200 Einwohnern wird einmal im Jahr zum Mittelpunkt des Biathlon Weltcups

*Der Alleskönnerberg
Fieberbrunn ist ein Geschenk
an alle Naturliebhaber*

⬛🎿 **Bergbahnen Fieberbrunn** ➤ B13
Lindau 17, Fieberbrunn
☎ (053 54) 563 33-0, www.fieberbrunn.com
Mitte Mai–Oktober geöffnet
Der Alleskönnerberg Fieberbrunn ist etwas für alle Naturliebhaber, die sich gerne in freier Wildbahn bewegen. Hier begeistert einer der schönsten Bergseen der Alpen, Europas erster digital-alpiner Rundwanderweg »Museum Goes Wild«, Klettersteige, Timoks Wilde Welt mit erfrischenden Wasserspielen, dem Alpine Coaster und einem schattigen Waldseilgarten und vieles mehr.

🎿🏛🎿🐾🎿 **Triassic Park auf der Steinplatte** ➤ B13
Alpegg 10, Waidring
☎ (053 53) 53 30, www.triassicpark.at
Tägl. 9–17 Uhr, Eintritt frei, Berg- und Talfahrt € 21/11
Der Triassic Park macht die alpine Erdgeschichte lebendig – und bietet mit Triassic Center, Triassic Beach, Triassic Trail, Aussichtsplattform, Korallen-Garten und der neuen Tropfsteinhöhle urzeitlichen Spaß für die ganze Familie.

Der Triassic Park bietet Familienunterhaltung für Groß und Klein

Rattenberg ➤ C10
»Eingeklemmt« zwischen Innufer und einem felsigen, weit vorspringenden Berg liegt Rattenberg. Das Städtchen im Alpbachtal zeichnet sich vor allem durch eines aus: Es ist winzig. Mit einer Fläche von gerade mal 0,1 Quadratkilometern ist es die kleinste Gemeinde Österreichs und mit 440 Einwohnern zugleich die kleinste Stadt im Land. Die besondere Lage, die das Wachstum

Flanieren in der Altstadt von Rattenberg, im Sommer auch mit direkter Sonneneinstrahlung möglich

Tauch ein in die Urzeit im interaktiven Freizeitpark Triassic Park auf der Steinplatte!

Burgruine zu Rattenberg

der Stadt in enge Schranken weist, hat zur Folge, dass ein Teil des Orts im Winter, wenn die Sonne tiefer steht, für etwa drei Monate völlig im Schatten bleibt.

In der Vergangenheit erwies sich die besondere geografische Lage jedoch als Vorteil. Im Schutz seiner hoch gelegenen Burg entwickelte sich Rattenberg zu einem wichtigen Warenumschlagplatz der Inn-Schifffahrt, auch als Zollstelle zwischen Bayern und Tirol erlangte der kleine Ort, der politisch lange Zeit zu Bayern gehörte, handelsstrategische Bedeutung. Bis heute hat sich das **mittelalterliche Stadtbild** erhalten; bunte Fassaden verleihen der Fußgängerzone mit den Nagelschmiedhäusern aus dem 12. Jahrhundert ein malerisches Flair.

Seit Ende des 19. Jahrhunderts ist Rattenberg Zentrum der **Glasveredler**, so finden sich heute noch Glasschleifer, Glasgraveure und Glasmaler, denen man bei ihrer Handwerkskunst über die Schulter schauen kann. Auch ein Aufstieg auf den Schlossberg lohnt. Die **Burgruine** (11. Jh.) erinnert an längst vergangene Zeiten, als Rattenberg politisch zu Bayern gehörte und die Bayern die Burg als Bollwerk gegen die Tiroler errichteten. Das Panorama ist grandios.

ℹ️ **Tourismusverband Rattenberg-Radfeld** ➡ C10
Südtiroler Str. 34, 6240 Rattenberg
✆ (053 37) 212 00 50, www.alpbachtal.at
Mo–Sa 9.30–12.30 und 13–16.30, So 10–16 Uhr

🏛 **Augustinermuseum** ➡ C10
Klostergasse 95, Rattenberg

ALPBACHTAL

Tirol

Wer gerade noch in Kramsach im Gasthof saß, sieht, nur wenige Gehminuten vom Dorfzentrum entfernt, eine ganz andere Landschaft. Die Geröllmassen der Eiszeiten haben dort kleine runde Hügel hinterlassen, die an Eierköpfe erinnern. Zwischen den Buckeln gibt es fünf Gewässer. Das Reintaler Seenplateau oder die Kramsacher Badewanne, wie die Einheimischen sagen, kann sich im Sommer ganz schön aufheizen – mit bis zu 25 °C auf angenehme Mittelmeertemperaturen! Die wärmsten Badeseen Tirols sind Schwimmern und Ruderern vorbehalten. Segeln, Surfen und andere Wassersportarten sind nicht erlaubt, es herrschen Ruhe und Beschaulichkeit.

Anderswo im an Gewässern reichen Alpbachtal geht es dagegen rasanter zu. In der Brandenberger Ache mit ihren Klammen, einer rauen Schluchtenlandschaft, versammeln sich etwa Wasserratten zum Rafting. Einst wurden in ihrem reißenden Wasser die gefällten Holzstämme talauswärts »getriftet«. Aus dieser Zeit stammen die gesicherten Partien der Tiefenbach- und Kaiserklamm, ein Naturschauspiel für Wanderer und eine Herausforderung für Kajakfahrer und Wildwasser-Fans. Schon Kaiser Franz Joseph bestaunte das tosende Wasser, das um und über steile Felsen peitscht. Heute werden mutige Kinder an Klettergurten mit Sicherheitsleinen von ihren stolzen Eltern bis über die reißende Flut herabgelassen, und mancher Sprössling angelt eine Forelle. Klammheimlich geht in der Klamm nichts mehr.

Bergwanderer stapfen durch eine grandiose Gebirgskulisse zwischen den Kitzbühler und Zillertaler Alpen. Insgesamt gibt es 900 Kilometer Wanderwege, darunter eine ausgezeichnete Nordic-Walking-Strecke. Ausgezeichnet wurde auch der Hauptort Alpbach südlich des Inns. Der Ort mit seinen Holzhäusern, ausschließlich im bäuerlichen Tiroler Stil errichtet, ist »das schönste Dorf Österreichs«. Eine Kuriosität ist der »Schmunzelfriedhof« von Kramsach: Ein Kunstschmied hat etwa 60 Kreuze mit skurrilen Grabsprüchen zusammengetragen. Ein Witwer reimte etwa: »Hier liegt mein Weib, Gott sei's gedankt. Oft hat sie mit mir gezankt. Oh lieber Wanderer, geh gleich fort von hier, sonst steht sie auf und zankt mit dir.«

INFO: Kramsach liegt ca. 50 km nordöstlich von Innsbruck. **INFO ALPBACHTAL:** Alpbachtal Seenland Tourismus, Zentrum 1, 6233 Kramsach, Tel. (053 37) 212 00, www.alpbachtal.at.

Die verschneiten Hütten im Skigebiet Inneralpbach.

✆ (053 37) 648 31, https://augustinermuseum.at
Mai–Ende Okt. tägl. 10–17 Uhr
Das ehemalige Augustiner-Eremitenkloster ist schon wegen seiner Architektur und der zum Teil original erhaltenen Inneneinrichtung sehenswert. Bemerkenswert sind vor allem einige gotische Plastiken aus dem 15. Jh., die vermutlich von Wanderkünstlern mit großer Begabung geschaffen wurden.

⊙ 🎎 Kristallglas Kisslinger ➡ C10
Südtiroler Str. 24, Rattenberg
✆ (053 37) 641 42, www.kisslinger-kristall.com
Laden Mai–Okt. Mo–Sa 9–18, So 9–17, Nov.–April Mo–Fr 9–18, Sa 9–17, So 11–17 Uhr, Werkstattbesuch Mo–Fr 9–12 und 13–17 Uhr nach Anmeldung
Vasen, Gläser, Karaffen und Schmuck – bei Kisslinger werden edle Glaswaren hergestellt. In der Werkstatt kann man Glasbläsern, -schleifern und -malern sowie Graveuren bei der Arbeit zuschauen.

🅟 Brauhaus Rattenberg ➡ C10
Bienerstr. 84, Rattenberg
✆ (053 37) 638 70
Mi–So 11–14 und 17–21 Uhr

Exklusive Kristallwaren kann man bei Kisslinger erwerben

Wer gern Bier trinkt, ist hier richtig. Der Wirt braut selbst, bisweilen kann man ihm dabei zuschauen.

Ausflugsziele:

◉🏛 **Alpbach** ➡ C10
www.alpbachtal.at
Der strengen Bauordnung verdankt das urige Dorf den Erhalt seiner pittoresken Kulisse und den Titel »schönstes Dorf Österreichs«, uralte Erbhöfe dominieren das Bild. Eines der Holzhäuser, errichtet im 17. Jh., kann heute als Museum besichtigt werden. Rund 100 Bauernhöfe im Ort werden aber noch bewirtschaftet – vom allgemeinen »Bauernsterben« keine Spur.

◉📶🏊 **Brandenberg** ➡ B10
www.alpbachtal.at/de/region-und-orte/brandenberg/naturabenteuer
Der Ort liegt auf der anderen Seite des Inn auf einem sonnenverwöhnten Hochplateau inmitten einer wildromantischen Landschaft, die man auf verschiedenen Pfaden durchwandern kann. Spektakulär, aber leicht zu bewältigen ist eine Tour durch die **Kaiserklamm** (nur im Sommer geöffnet) – jedenfalls, wenn man sie zu Fuß unternimmt. Nervenkitzel erleben dagegen Wildwassersportler und Kajakfahrer. Für Trips auf dem Wasser gilt: Die Klamm ist nur was für Könner! Bei Nacht

Eines der zahlreichen urigen Holzhäuser in Alpbach

kann man sich von den Natur-Rangern durch das Tal der Schmetterlinge oder den Wald führen lassen.

Die Kitzbüheler Alpen sind wundervoll zum Radeln geeignet

Wildschönau ➡ C10/11

Die Gemeinde Wildschönau erstreckt sich oberhalb von Wörgl in den Kitzbüheler Alpen und vereint vier Kirchdörfer: Niederau, Oberau, Auffach und Thierbach – jedes versprüht seinen eigenen Charme. **Thierbach** ➡ C10 hat dabei so ziemlich alle Eigenschaften, die ein Bilderbuchdorf braucht: Kirche, Bauernhöfe und eine der kleinsten Schulen Österreichs, in der aktuell gerade mal 18 Kinder unterrichtet werden. Im Sommer locken bewirtschaftete Almen und vielseitige Wanderwege. Wintersportlern bietet das **Ski Juwel Alpbachtal Wildschönau** Pisten aller Schwierigkeitsgrade.

Tourismusbüro Wildschönau ➡ C10

Hauserweg, Oberau 337, 6311 Wildschönau
✆ (053 39) 82 55
www.wildschoenau.com
Mai–Okt. Mo–Sa 9–18, Nov.–April Mo–Sa 9–17, So 9–12 Uhr

Bergbauernmuseum ➡ C10

Bach, Oberau 3, Wildschönau
✆ (053 39) 200 55, www.wildschoenau.com/de/region-orte/museen/bergbauernmuseum

Im Winter ist im Ski Juwel Alpbachtal Wildschönau viel los

Museum Mi, im Sommer auch Mo, So 12–17 Uhr, Handwerkermarkt Mai–Okt. Do 12–17 Uhr
Eintritt Museum € 3,80, Handwerkermarkt € 5,60
Eine Zeitreise in die bäuerliche Welt des 18. Jh. Die über 1000 Exponate in Küche, Bauernstube und Kammern veranschaulichen das karge und arbeitsreiche Leben der Bauern vor rund 200 Jahren. Menschen, die Holz schnitzen, Flachs spinnen, Körbe flechten oder sich auf ein anderes altes Handwerk verstehen, zeigen ihre Künste im Sommer auf dem Handwerkermarkt.

Bergwerk Wildschönau → C10
Silberbergwerk Lehenlahn
Sauluegweg, Thierbach, Wildschönau
☏ (053 39) 27 77, www.schatzbergwerk.at
Mitte Juli–Mitte Sept. Mi–So 13–16.30, Anfang Juni–Mitte Juli und Mitte Sept.–Mitte Okt. So/Fei 13–16.30 Uhr, Eintritt € 9/4
Im alten Silberstollen können Besucher das mittelalterliche Stollenlabyrinth erkunden und jede Menge über die Schätze aus den Tiefen der Erde und den unterirdischen Alltag der Knappen erfahren. Kinder von heute amüsieren sich im Märchenstollen.

Wirtshaus Z'Gruab → C10
Zauberwinkelweg, Oberau 52, Wildschönau
☏ (0650) 240 00 03, www.zgruab-wildschoenau.at
Di–Sa 11–22 Uhr, warme Küche ab 12 Uhr

Uriger Hof mit zünftiger Gaststube und Sonnenterrasse. Hier versteht man sich auf köstliche Tiroler Küche und setzt auf frische Bioprodukte. €

Genuss-Wanderungen ➡ C10/11
Die Wildschönau ist eine besonders almenreiche Gegend, exakt 46 Almen werden bewirtschaftet. Viele bieten Gästen auch Produkte zum Kaufen oder urige Jausen an. Eine Genusstour mit Panorama beginnt und endet in Oberau (6 km, ca. 3,5 Std., Startpunkt Kellerwirt). Unterwegs gibt's Schmalznudeln zum Sofortverzehr und Spirituosen zum Kaufen bei Sigi Kistl, dem »Schnapspapst« der Wildschönau.

Zell am Ziller ➡ D10
und Zillertal/Zillertaler Alpen ➡ D–F9–11
Im Herzen des Zillertals liegt Zell am Ziller auf 580 Metern Seehöhe. Mit knapp 2000 Einwohnern ist es eine der Hauptgemeinden im Tal. Früher wurde hier Bergbau betrieben und Gold zutage gefördert, heute empfiehlt sich Zell als Wintersport- und im Sommer als Erholungsort.
Quasi vor der Haustür liegt der Einstieg in die **Zillertal Arena**, das größte Skigebiet des Zillertals mit mehr als 140 Pistenkilometern. Die Naturrodelbahn (7 km) ist bis in die Nacht hinein beleuchtet. Das Gauderfest am ersten Maiwochenende ist das größte Tiroler Früh-

Die Zillertal Arena hat für Einsteiger und Fortgeschrittene eine Vielzahl an Pisten zu bieten

Alle einsteigen bitte! Mit der dampfbetriebenen Zillertalbahn kann man noch heute gemütlich durchs Zillertal zuckeln

Blick vom Olperer ins Zillertal

lings- und Trachtenfest und wurde von der UNESCO als immaterielles Kulturerbe anerkannt.

Das malerische Zillertal gehört zu den meistbesuchten Regionen Tirols. Die Zillertaler Alpen bieten eine spektakuläre hochalpine Landschaft mit **zahlreichen Gletschern** und 55 Dreitausendern, darunter so berühmte wie der **Olperer** (3476 m) mit seinem pyramidenartigen Gipfel und der **Hochfeiler** (3509 m), ihr höchster Berg. Wander- und Wintersportler kommen voll auf ihre Kosten, Kletterer ebenfalls. Zu den bekanntesten Orten im Tal gehören neben Zell am Ziller **Mayrhofen** ➡ E10 (vgl. S. 147 ff.) und **Fügen** ➡ C/D9 (vgl. S. 114 ff.).

Eine touristische Attraktion ist die **Zillertalbahn**, eine Schmalspurbahn mit Dampflock, die seit 1902 durch das Tal zuckelt (von Jenbach nach Mayrhofen im Halbstundentakt, www.zillertalbahn.at).

ⓘ Tourismusverband Zell am Ziller ➡ D10
Dorfplatz 3 A, 6280 Zell am Ziller
✆ (052 82) 22 81, www.zell.at
Mo–Fr 8.30–12.30 und 13–17 Uhr

✕ Gasthof Schulhaus ➡ D10
Zellberg 162, 6277 Zellberg
✆ (052 82) 33 76, www.schulhaus.tirol
Mi–Sa 18–22, So 12–22 Uhr
Sympathisches Gasthaus, das Tradition und Moderne gekonnt verquickt – sowohl beim Ambiente als auch kulinarisch. Die Zutaten werden von ausgesuchten re-

Das aktivste Tal der Welt

ZILLERTAL

Tirol

Der russische Zar war hingerissen, als die Familie Rainer das Lied »Stille Nacht, heilige Nacht« anstimmte. Er lud die Zillertaler Nationalsänger nach St. Petersburg ein, dort startete im 19. Jahrhundert ihre europaweite Karriere. Das beliebteste aller Weihnachtslieder wird für immer mit dem Zillertal verbunden bleiben.

Die Berge der Zillertaler Alpen mit ihren zahlreichen Gletschern sind hoch, sie reichen bis über 3500 Meter. Schon im September werden die Lifte für die Wintersportler präpariert, und manchmal liegt im Mai noch Schnee. 535 Pistenkilometer bietet das Zillertal, 180 modernste Liftanlagen und bestens präparierte Pisten für Snowboarder, vor allem am Hintertuxer Gletscher. Für die Jüngsten gibt es Skikindergärten (neuösterreichisch: *Zwergel Clubs*) und Kurse, dazu bequeme Kinderförderbänder mit buntbemalten Gondeln. Ein lustiges Maskottchen, der gelbe *Arenafunt*, ermutigt die Kleinen. In der Bärlihöhle gruseln sie sich ein wenig an der Hand einer Betreuerin, die danach auf der Schneewiese das Schneemannbauen lehrt und zur lustigen Schlittenpartie lädt. Snow-Action gibt es für die Größeren ab zwölf Jahren. Im Junior Workshop können sie genau das machen, was sie am liebsten tun: Tiefschnee fahren, Race Carving, Buckelpiste und Rennen mit Geschwindigkeitsmessung. Kinder und Erwachsene, denen die Brettl ein Graus sind, können auf einem der Natureisplätze Schlittschuhrunden drehen. Kein Wunder, dass man sich hier als das »aktivste Tal der Welt« sieht.

Die Bezeichnung passt auch im Sommer: Das Bergwanderwegenetz ist weitläufig und gut markiert. Von den Felsterrassen eröffnen sich herrlich weite Ausblicke auf saftig grüne Wiesen, tiefe Talgründe und hübsche Dörfer. In urigen Gasthäusern gibt es bodenständige

Schutzhütte in den Zillertaler Alpen: das Friesenberghaus auf 2498 Metern Höhe.

Küche und eiskaltes Bergwasser. Die Zillertalbahn erschließt auf Schmalspurgleisen das Tal, Bergbahnen führen auf die umliegenden Höhen. Für Bergsteiger sind Hänge mit unterschiedlichen Schwierigkeitsgraden vorhanden. Die Zillertaler Alpen stehen unter besonderem Schutz und tragen seit 2001 das Prädikat »Naturpark«.

INFO: Das Zillertal zweigt ca. 40 km östlich von Innsbruck vom Inntal ab. **INFO ZILLERTAL:** Zillertal Tourismus, Bundesstr. 27 D, 6262 Schlitters/Zillertal, Tel. (052 88) 871 87, www.zillertal.at

Das Zillertal zweigt vom südlichen Inntal ab

gionalen Produzenten bezogen, die Resultate können sich Gäste in Form von À-la-carte-Gerichten oder als Menü mit drei, vier oder fünf Gängen munden lassen. Das Auge isst mit – und auch dem schmeckt es hier ganz besonders gut. €€

⊠ ⊟ Hotel Gasthof Bräu ➡ D10
Dorfplatz 1, Zell am Ziller
℡ (052 82) 231 30, www.hotel-braeu.at
Tägl. 8–23 Uhr
Die Gaststube des Hotels ist urgemütlich und die Speisen machen glücklich. Das Erfolgsrezept: Hier kommen nur Bioprodukte aus der Region in die Küche und auf den Teller, vieles stammt vom Bräu-Bauernhof und aus der eigenen Almwirtschaft. Köstlicher Auftakt: Tafelspitzbouillon mit Frittaten. Wunderbarer Abschluss: Apfelstrudel. €

Ausflugsziele:

🏂 Skizentrum Hochzillertal ➡ D9
Postfeldstr. 7, Kaltenbach
℡ (052 83) 28 00, www.hochzillertal.com
Dez.–April tägl. 7.30–17 Uhr, Dez.–März Fr auch Nachtskifahren
Westlich von Kaltenbach liegt das Skizentrum mit Skipisten aller Schwierigkeitsgrade.

◉ ⊟ 🏂 Ginzling ➡ E9
Auf 1000 m Höhe liegt das Bergsteigerdorf Ginzling. Von hier aus eroberten sich schon die Pioniere des Bergsteigens vor 150 Jahren die hochalpinen Gipfel. Orte, die wie Ginzling unter dem Label »Bergsteigerdörfer«

Klettergebiet »Ewige Jagdgründe« in Ginzling

firmieren, haben sich einer besonderen Tourismus-Philosophie verschrieben – hier geht es nicht um Wachstum um jeden Preis, hier stehen der Erhalt harmonischer Kulturlandschaften, der Naturschutz und die Nachhaltigkeit an vorderster Stelle. Outdoorangebote richten sich sommers wie winters an Gebirgsfans, die gern entschleunigt und ohne viel technischen Schnickschnack unterwegs sind, lieber auf die eigene Muskelkraft als auf Seilbahn & Co setzten. Direkt am Ortsrand beginnt der Hochgebirgs-Naturpark Zillertaler Alpen, Ginzling ist »Talstation« für sieben Alpenvereinshütten, u. a. die Berliner Hütte.

Gastwirtschaft in der Berliner Hütte

ℹ️ 🏔 Naturparkhaus Ginzling ➜ E9

Naturparkhaus 239, 6295 Ginzling
✆ (052 86) 52 18, www.ginzling.net/tourismus
Mo–Do 8.30–12 und 13–17 Uhr, Fr 8.30–12 Uhr

✖ Gasthof Karlsteg ➜ E9

Dornauberg 2, Ginzling
✆ (052 86) 52 50, www.karlsteg.at
Tägl. 8–24 Uhr
Tiroler Gasthof vom Feinsten: Hier werden die Speisen täglich frisch zubereitet, die Zutaten stammen von Bauernhöfen aus der Region, das Bier aus Zillertaler

Durch Tiefschnee fahren ist für viele Skifahrer ein ganz besonderes Highlight

Brauereien und die Weine von ausgesuchten Winzern. Hier sind Sie auch schon zum Frühstücken an der richtigen Adresse. €

⊙ ⚐ 🖼 Hintertuxer Gletscher ➡ E8/9
www.hintertuxergletscher.at
Gondelbahnen ganzjährig 8.15–16.30 Uhr
In Österreichs einzigem Ganzjahresskigebiet geht es von Hintertux (1500 m) mit Gondelbahnen auf 3200 m Höhe. Selbst im Sommer stehen bis zu zehn Liftanlagen und bis zu 18 km Pisten zur Verfügung. Der **Betterpark Hintertux** ist einer der höchsten Freestyle-Spots Österreichs. Weitblick garantiert die barrierefrei zu erreichende Panoramaterrasse auf 3250 m Höhe.

Der beliebte Ferienort Hintertux bietet außer Bergen auch viel Wasser – eine Thermalquelle und die beeindruckenden **Tuxer Wasserfälle.**

✕ Genießerstube im Restaurant Alpenhof ➡ E9
Hintertux 750, Tux
✆ (052 87) 85 50, www.alpenhof.at
Mi–Sa 18.30–20.30 Uhr, Reservierung am Vortag erforderlich
Richtig gut essen, dafür lohnt sich ein Abstecher nach Tux. Küchenchef Maximilian Stock setzt konsequent auf regionale Spitzenqualität – und auf seine Kreativität. Seine Gäste verwöhnt der Haubenkoch mit wöchentlich wechselnden Menüs, z. B. mit Alpenkaviar, Seeforelle, Spanferkelbauch und vielen anderen Köstlichkeiten. €€

Auf dem Hintertuxer Gletscher kann man auch im Sommer Ski fahren

Langlaufsport ist in Obertilliach allgegenwärtig

Osttirol

Die Besonderheit Osttirols erklärt sich vor allem aus der geografischen Situation, ist das Gebiet doch vom Rest des österreichischen Tirol getrennt, seitdem Südtirol nach dem Ersten Weltkrieg 1919 Italien zugeschlagen wurde. Durch den Bau der Felbertauernstraße in den 1960er Jahren ist dieser geografisch isolierte Zipfel Tirols stärker auf Salzburg fixiert. Die EU brachte schließlich auch eine bessere Anbindung an Südtirol. Touristisch will Osttirol heute vor allem mit seiner Ursprünglichkeit und mit Naturschutzprojekten punkten.

Der 1984 gegründete ⑩ **Nationalpark Hohe Tauern** ➡ D–F11–15, der größte Nationalpark Österreichs, ist das wertvollste Aushängeschild der Region. Naturliebhaber finden hier alpine Wildnis mit weiten Gletscherfeldern, tiefgrünen Bergseen und tosenden Gletscherbächen mit beeindruckenden Wasserfällen. Meist geht es in Osttirol geruhsam zu, allerdings nicht immer – **Obertilliach** ➡ H13 war 2014 Schauplatz des Bond-Streifens »Spectre«. Während der weltberühmte Spion hier aber nur ein paar Drehtage lang agierte, hat sich der norwegische Biathlet Ole Einar Björndalen, einer der erfolgreichsten Winterolympioniken aller Zeiten, in Obertilliach einen Wohnsitz zugelegt. Das Dorf bietet ideale Voraussetzungen für den Langlaufsport und gilt zudem als eines der schönsten in den österreichischen Alpen.

Lienz ist eine der größeren Städte Tirols

Lienz ➜ G14

Lienz, Verwaltungszentrum mit rund 12 000 Einwohnern und kultureller Mittelpunkt Osttirols, hat eine hübsche Altstadt und hält, was die Sonnenstunden angeht, den österreichischen Rekord. Sehenswert sind die gotische **Pfarrkirche St. Andrä und Schloss Bruck** (13. Jh.) im Westen der Stadt, heute Sitz des **Osttiroler Heimatmuseums**. Dass es in der Gegend bereits in der Antike ein reges urbanes Leben gab, veranschaulichen die von Archäologen zutage beförderten Überreste der **römischen Stadt Aguntum** etwa vier Kilometer östlich von Lienz.

Winterurlaubern empfiehlt sich Lienz mit den ganz unterschiedlichen Skigebieten **Zettersfeld** und **Hochstein**, familienfreundlich das eine, anspruchsvoll und sportlich das andere. Am Hochstein in knapp 2000 Metern Höhe beginnt eine der längsten Skiabfahrten im Alpenraum. Nach einem sportlichen Tag auf den Pisten wird die Altstadt zur Après-Ski- und Chill-Zone, Mittelpunkt sind dann die Pavillons auf dem Hauptplatz, in denen Haubenköche Gourmetküche bieten. Stimmungsvoll ist auch die Vorweihnachtszeit mit heimeligem Budenzauber vor der grandiosen Kulisse der Lienzer Dolomiten.

Pfarrkirche St. Andrä

ℹ Tourismusverband Osttirol ➜ cB2
Mühlgasse 11, 9900 Lienz
✆ (050) 21 22 12, www.osttirol.com
Mo–Fr 8–18, Sa 9–12 und 14–17, So 8.30–11 Uhr

🏛 **Eisenbahnmuseum** ➡ cC3
Bahnhofsplatz 10, Lienz
✆ (0676) 551 85 51
Mai–Okt tägl. außer Mo 10–17 Uhr, Nov.–April nur Sa/
So, Jan. geschl., Eintritt € 8/4
In einer ehemaligen Remise der Eisenbahn stehen
Schätze, die die Herzen von Eisenbahnfans höher-
schlagen lassen: Dampflokomotiven und Waggons
aus längst vergangenen Jahrzehnten. Seit der Elektri-
fizierung der Strecke Millstättersee–Franzensfeste im
Jahr 1989 wird die Diesellok-Wartungsanlage in Lienz
nicht mehr benötigt, das Gebäude jedoch steht unter
Denkmalschutz.

🏛◉ **Schloss Bruck** ➡ westl. cB1
Schlossberg 1, Lienz
✆ (048 52) 625 80, www.museum-schlossbruck.at
Mitte Mai–Juni tägl. außer Mo 10–17, Juli/Aug. tägl.
10–17, Sept.–Ende Okt. tägl. außer Mo 10–16 Uhr
Eintritt € 8,50/2,50, Senioren € 6,50
Auf einem Hügel, der dem Hochstein, dem Hausberg
der Stadt, vorgelagert ist, thront Schloss Bruck. Mitte
des 13. Jh. von den Grafen von Görz erbaut, diente es
dem Adelsgeschlecht bis zum Jahr 1500 als Wohnsitz.

*Schloss Bruck auf dem
Hausberg von Lienz*

*Malerei auf Schloss Bruck,
das heute als Museum dient*

Als der letzte Graf kinderlos starb, fiel das Schloss an den römisch-deutschen Kaiser Maximilian I. Weitere Besitzer folgten, ebenso unterschiedliche Nutzungskonzepte. So diente Schloss Bruck auch schon als Brauerei oder Kaserne. Seit 1943 beherbergt das Schloss das Museum der Stadt Lienz. Wechselnde Ausstellungen beleuchten Geschichte, Kunst und Natur der Region. Der Bergfried ist inzwischen ein Hort der Kunst. Die Sammlung umfasst Malerei, grafische und plastische Arbeiten aus über fünf Jahrhunderten und Plastiken zeitgenössischer heimischer Künstler.

Osttiroler Ganzjahresrodelbahn ➜ nördl. cA3
Talstation Zettersfeldstr. 38, Lienz
✆ (048 52) 63 97 50, www.lienzer-bergbahnen.at
Rodelbahn (inkl. Bergbahn-Auffahrt) € 13/10,50
Im Winter zieht es Rodelfans jeden Alters auf die Naturrodelbahn Hochstein. Zum Startpunkt nimmt man zunächst die Bergbahn bis zur Moosalm. Von hier geht es dann mit dem Schlitten talwärts oder per Sessellift höher hinaus bis zur Sternalm, was das anschließende Rodelvergnügen mehr als verdoppelt. 6,5 km schlängelt sich die romantische Abfahrt durch den Wald von

*Am Hang entlang schlängelt
sich die Ganzjahresrodelbahn*

Statue von Kaiser Joseph II. von Österreich auf dem Hauptplatz in Lienz

Schloss Bruck, (Schlittenverleih an der Talstation). Im Sommer verspricht die Sommerrodelbahn ab Moosalm Achterbahngefühle.

✕ 🅳 Wildauers Haidenhof ➡ nördl. cA3
Grafendorfer Str. 12, Lienz
☎ (048 52) 624 40, www.wildauers.tirol
Tägl. ab 18, Küche bis 21.30 Uhr, Biergarten 16–24 Uhr
Edelwirtshaus mit eigener Brauerei, stimmungsvollem Keller und lauschigem Biergarten. €€

🏛 Stadtmarkt Lienz ➡ cB1
Fr 13–18, Sa 8.30–12.30 Uhr
Speck, Eier, Fleisch, Würste, Käse, Brot und Bauernbutter – regionale Lebensmittel werden auf dem Lienzer Wochenmarkt in der Altstadt angeboten. An einigen Ständen werden aus Obst gewonnene Edelbrände verkauft.

🚲 Drauradweg
www.drauradweg.com
Rund 50 km von Lienz entfernt, im Südtiroler Toblach, entspringt die Drau. Von hier bis ins etwa 500 km entfernte Varaždin an der slowenisch-kroatischen Grenze führt der gut ausgeschilderte Drauradweg in sieben Etappen. Ab Lienz kann man mit der Bahn nach Toblach fahren und die Strecke zurück (und natürlich auch weiter) radeln, durchweg auf mühelos zu bewältigendem Radl-Terrain. Entlang der Strecke präsentiert sich ein schönes Stück Osttirol mit Bilderbuchdörfern und

*Archäologische Ausgrabungen
der römischen Stadt Aguntum*

Badestellen. Lohnende Ausflugsziele wie die Ruinen der römischen Stadt Aguntum, Aigner Badl und Galitzenklamm liegen am Weg, ebenso unzählige urige Gasthäuser für die genussvolle Einkehr.

Ausflugsziele:

◉ **Aguntum** ➡ G14
Stribach 97, Dölsach
✆ (048 52) 615 50, www.aguntum.at
April–Okt. tägl. 9.30–16 Uhr, Eintritt € 7/4, Kombiticket mit Schloss Bruck € 11,50, Kombikarte für Familien € 23
Osttirol war schon zur Römerzeit besiedelt. Davon zeugen die Ruinen von Aguntum, einer antiken Stadt, der im 1. Jh. n. Chr. vom römischen Kaiser Claudius der Status eines Municipium, einer selbstverwalteten Stadt, zuerkannt wurde. Im 1. und 2. Jh. erlebte Aguntum als Handelszentrum seine Blütezeit. Heute können sich Besucher auf dem archäologischen Gelände auf Zeitreise begeben. Überreste von Stadttor, Stadtmauer, Prachtvilla, Therme und anderen Einrichtungen geben eine Vorstellung vom Stadtleben vor 2000 Jahren. Den besten Überblick über das 30 000 m² große Gelände bietet ein 19 m hoher Aussichtsturm. Weil die Ausgrabungen noch andauern, kann man im Sommer den Archäologen der Universität Innsbruck bei der Arbeit zuschauen.

◉🏔💺🎿🏊 **Tristacher See** ➡ G14
Strandbad Tristacher See, Tristach
✆ (048 52) 656 01

Südlich von Lienz, am Fuße der Lienzer Alpen, wartet die Natur mit einem besonderen Juwel auf: Der Tristacher See lockt mit kristallklarem Wasser von bester Qualität. Die Wassertemperatur steigt im Sommer bis auf 24 °C. Badefreuden und mehr bietet das Strandbad mit Liegestuhlverleih, Café, Beachvolleyball- und Kinderspielplatz.

⊚🏂✗⛵ Galitzenklamm ➡ G14

Galitzenklamm 3, Amlach
℗ (0664) 156 74 57, www.galitzenklamm.info
Mai Fr–So 10–17, Juni–Sept. tägl. 9–18, 1. Okt.–Hälfte tägl. 10–17 Uhr
Schon im 19. Jh. zog es Schaulustige in die beeindruckende Klamm. Damals behalf man sich noch mit Leitern und kleinen Stegen, um den Galitzenbach durch die Felsenkulisse der Lienzer Dolomiten rauschen zu sehen. Heute spazieren die Besucher auf bequemen Steigen durch die Klamm – Wasserschaupfad, Wasserspielplatz, Kletterpark und Jausenstation machen den Ort inzwischen zum veritablen Freizeitpark. Auch fünf Klettersteige führen durch die Klamm, von familientauglich (für Kinder ab 10 J., Kletterzeit ca. 45 Min.) bis sehr schwierig (Kletterzeit ca. 3 Std.).

Die Galitzenklamm bietet nicht nur tolle Ausblicke, man kann dort auch klettern

☒ ⛏ 🐾 🥾 🚡 Dolomitenhütte ➜ G14

Dolomitenhütte 1, Amlach

✆ (0664) 225 37 82, https://dolomitenhuette.at

Anfahrt im Sommer mit dem Wanderbus (Abfahrt 8.30 Uhr ab Lienz Bahnhof) oder mit dem Hüttenshuttle (✆ 0664-225 37 82), mit dem eigenen PKW im Winter nur bis Kreithof (Gehzeit ab Parkplatz ca. 1 Std)

Was für ein Ort! Zwischen Lienz und den Lienzer Dolomiten bietet die Dolomitenhütte, die auf 1600 m direkt an einem steilen Abhang thront, kulinarische Stärkung und ein schier umwerfendes Panorama. Übernachtungsgäste können es sogar vom Bett aus genießen. Die Hütte ist ein guter Ausgangspunkt für weitere Wanderungen oder Skitouren. Wer im Winter den Schlitten im Schlepptau hat, kann gen Tal rodeln, denn die Zufahrtsstraße wird bei Schnee zur Rodelbahn und ist dann für den PKW-Verkehr gesperrt.

🌀 Aigner Badl ➜ G13

Abfaltersbach 13, Abfaltersbach

✆ (0699) 11 59 13 77, www.aigner-badl.at

Ende Mai–Ende Sept. Mo–Sa 10–22, So 11–22 Uhr (Badezeit bis 20 Uhr), Pro Bad € 18,50

Schon von außen wirkt das Badl sehr gemütlich. Das einzige verbliebene Bauernbad Osttirols, errichtet im Bauernhausstil, ist seit 1772 in Betrieb und lädt Gäste auch heute noch zu entspannenden Vollbädern in der Lärchenholzbadewanne ein. Stammgäste schwören auf diese Badekuren, denn das Badl ist als Heilquelle aner-

Auch am steilen Abhang bei der Dolomitenhütte können Kletterbegeisterte sich austoben

kannt und soll Gelenkschmerzen und Rheuma lindern. Nach dem Bade kann man sich bei einer anständigen Jause stärken.

Schloss Weißenstein wurde im 19. Jahrhundert noch einmal erheblich umgebaut

Matrei in Osttirol ➡ F13

Bekanntester Ferienort Osttirols ist die Nationalparkgemeinde Matrei an der Felbertauernstraße. Der Luftkurort mit 4500 Einwohnern liegt mitten im ⑩ **Nationalpark Hohe Tauern** am Fuße der gleichnamigen Gebirgskette und fast genau zwischen den höchsten Bergen Österreichs – dem Großglockner und dem Großvenediger. Zahlreiche Kirchen, Kapellen und Bildstöcke prägen das Ortsbild, besonders sehenswert ist die **Pfarrkirche St. Alban**, eine der größten Landkirchen Österreichs. Auf einem Kalkfelsen hoch über Matrei thront **Schloss Weißenstein** (11. Jh.), das noch immer in Privatbesitz ist. Vor allem aber ist der Ort als Ausgangspunkt für Wander- und Skitouren beliebt. Das **Großglockner Resort Kals-Matrei** ist eines der schönsten Skigebiete der Alpen überhaupt. Wanderern empfiehlt sich der **Panoramaweg von Matrei nach Kals am Großglockner** ➡ F13, der atemberaubende Aussichten auf majestätische Dreitausender bietet. Zum Startpunkt geht es bequem mit den Goldried-Bergbahnen.

Abfahrt auf einer der zahlreichen präparierten Pisten im Großglockner Resort Kals-Matrei

ℹ Tourist Information Matrei → F13
Rauterplatz 1, 9971 Matrei in Osttirol
✆ (050) 21 25 00, www.matreiosttirol.com
Tägl. außer So 8–12 und 14–18 Uhr

ℹ🏛🏔 Nationalparkhaus Matrei → F13
Kirchplatz 2, Matrei in Osttirol
✆ (048 75) 51 61 10, https://hohetauern.at/de/besuchen/nationalparkhaus-matrei.html
Juli/Aug. Mo–Sa 10–18, So 14–18, Sept. Mo–Fr 10–18, Juni, Okt. Mo–Fr 10–12 und 14–18 Uhr, Mitte Dez.–Anfang März und Osterwoche Mo–Fr 14–18 Uhr, Eintritt frei
Eine interaktive Ausstellung und spektakuläre 360-Grad-Videos stellen die Landschaften und Lebensräume des Schutzgebiets vor. Wer mag, kann sich die Besonderheiten der Bergwelt indoor vom Naturpark-Ranger erklären lassen (Anmeldung erforderlich).

✕ Inside im Hotel Outside → F13
Virgener Str. 3, Matrei in Osttirol
✆ (048 75) 52 00, www.hotel-outside.com
Di–Sa ab 18 Uhr, April/Mai Betriebsferien
In der Küche des schicken Restaurants wird Osttiroler Küche auf Zeitgeist getrimmt, d. h. kreativ abgewandelt, so gibt es Lamm mit Riesenschupfnudeln und Topinambur. Der Weinkeller erfreut auch Anspruchsvolle. €€€

✕ Rauterstube → F13
Rauterplatz 3, Matrei in Osttirol
✆ (048 75) 66 11, www.rauterstube.at
Tägl. ab 18 Uhr

Hirsch aus heimischer Jagd, Wiener Schnitzel, Tiroler Kalb und Langostino – das gemütliche Haubenrestaurant versteht sich bestens auf österreichische Spezialitäten und Fusionsküche – Italien ist so nah. Für Vegetarier, die auch auf Fisch verzichten, gibt es allerdings wenig Auswahl. €€

☒ Alte Mühle → F13
Gereitstr. 4, Matrei in Osttirol
☏ (048 75) 510 20 20, www.altemuehle-matrei.at
Tägl. außer Mo 11.30–21 Uhr
Kasspatzln, Tiroler Gröstl und Osttiroler Schlipfkrapfen – wer bodenständige Wirtshausküche in rustikalem Ambiente mag, ist hier richtig. €

⌂⛾☒⛾⚙ Goldried Bergbahn → F13
Talstation Matrei
Im Sommer tägl. 9–11.30 und 13–16.30 Uhr
Gondeln bringen Urlauber von der Talstation Matrei zur Bergstation Goldried auf 2163 m Höhe. Oben angekommen eröffnet sich ein weitläufiges Wandergebiet. Auch für Familien mit kleineren Kindern geeignet ist der 5 km lange Europa-Panoramaweg mit Blick auf Österreichs höchsten Berg, den Großglockner. Geübte Bergsteiger können von Goldried zu anspruchsvollen Wander- und Klettertouren aufbrechen. Im Winter geht es mit dem Sessellift hinauf ins Großglockner Resort

Pfarrkirche St. Alban in Matrei

Kals-Matrei, Osttirols größtes Skigebiet mit Pisten aller Schwierigkeitsgrade und überwältigendem Panorama. Hier hat man rund 60 Dreitausender-Gipfel im Blick.

Ausflugsziele:

✈ Eispark Osttirol ➡ E13
Treffpunkt für Kursteilnehmer:
Alpengsthof Matrei Tauernhaus (ganzjährig geöffnet)
Tauer 22, Tauer
✆ (0664) 416 12 89 (Anmeldung)
www.bergfuehrer-kals.at
Kurse und Schnuppertage (3–4 Std., € 50 pro Person)
Winterabenteuer pur – einen Klettergarten wie diesen hatten zwei Osttiroler Bergführer in Nordamerika kennengelernt. Wieder zu Hause fanden sie nach langer Suche schließlich die perfekte Wand. An der wird jetzt durch Sprühregen aus Rohrleitungen ein vereister Wasserfall erzeugt, den Anfänger und Profis mit Steigeisen und Eisbeilen auf verschiedenen Routen erklimmen können.

⛷🍴 Gschlößtal ➡ E13
Startpunkt des Rundwanderweges:
Alpengsthof Matrei Tauernhaus (ganzjährig geöffnet)
Tauer 22, Tauer

Im Eispark Osttirol können Wagemutige Eiswände hochklettern

Krokuswiese im Gschlößtal im Frühling

Nur wenige Minuten von der Ortsmitte entfernt beginnt das wildromantische Gschlößtal am Fuße des Großvenedigers (3657 m). Die gigantischen Kräfte der Gletscher haben diese faszinierende Landschaft geformt, die Lebensraum für seltene Tier- und Pflanzenarten bietet. Beliebtes Fotomotiv ist der Salzbodensee, den die Einheimischen auch das »Auge Gottes« nennen. Leicht bewerkstelligen lässt sich eine Wanderung ins Innergschlöss ab Tauernhaus (Rundwanderweg 9,5 km).

❿ Nationalpark Hohen Tauern ➠ D–F11–15

Der größte Nationalpark im Alpenraum erstreckt sich auf 1856 Quadratkilometern über die österreichischen Bundesländer Salzburg, Kärnten und Tirol. Die ersten Landesregierungen erklärten bereits in den 1970er Jahren Teile ihres Territoriums zu Schutzgebieten der höchsten Stufe. Erst 1991 kam auch der Osttiroler Teil dazu. Mehr als 300 Dreitausender-Gipfel liegen auf dem Nationalparkgebiet. In seiner Kernzone bietet der Park weitgehend unberührte Landschaft, ein Stück alpine Wildnis mit smaragdgrünen Bergseen, tosenden Wasserfällen und ungebändigten Gletscherbächen sowie einer faszinierenden Tier- und Pflanzenwelt. Es ist eine Art Arche Noah für Alpensteinböcke, Bartgeier, Steinadler und viele andere Lebewesen.

Einige Osttiroler Gemeinden liegen auf dem Nationalparkgebiet: **Kals am Großglockner** ➠ F13 (vgl. S. 173 ff.), **Matrei** ➠ F13 (vgl. S. 173 ff.) sowie **St. Jakob** ➠ F12 und **St. Veit** ➠ F12 im Defereggental. Die Mög-

Kals am Großglockner

lichkeiten, den Nationalpark zu erkunden, sind schier grenzenlos, auf eigene Faust oder mit einem National-park-Ranger, bei einer Rundwanderung im Tal oder in mehrtägigen Fernwanderungen von Hütte zu Hütte. Als besondere Ausflugsziele im Park bieten sich an: das **Gschlößtal** ➡ E13 (bei Matrei), das **Debanttal** ➡ G14 (bei Lienz) und das **Ködnitztal** ➡ E/F14 (bei Kals), von wo aus sich Österreichs höchster Gipfel, der Großglockner (3798 m), erklimmen lässt.

Ein anderes faszinierendes Ziel ist die **Jagdhausalm** ➡ F11 (bei St. Jakob im Defereggental) auf 2000 Me-tern Höhe, die mit ihren 17 verlassenen Steinhäusern und der Maria-Hilf-Kapelle zu den ältesten Almen Österreichs zählt. Bereits im frühen 13. Jahrhundert wurde Almwirtschaft betrieben und noch bis vor we-nigen Jahrzehnten haben Senner hier ein archaisches Leben geführt. Archäologische Funde belegen, dass auch schon steinzeitliche Jäger und Sammler an dieser Stelle gern ein Lager aufgeschlagen haben.

In der Nähe breitet sich der **Oberhauser Zirbenwald** ➡ F11 aus, der größte seiner Art im gesamten Alpen-raum. Für erste – spektakuläre – Eindrücke und Informa-tionen zu diesem Outdoorparadies ist das **Nationalpark-haus in Matrei** ➡ F13 (vgl. S. 174) eine gute Anlaufstelle.

⊠ Jakobi-Stuben im Jesacherhof ➡ F12
Außerrotte 37, St. Jakob in Defereggen
✆ (048 73) 53 33, www.jesacherhof.at
Tägl. 12–14 und 19–20.30 Uhr
Idyllisch liegt der Jesacherhof im dünn besiedelten Defereggental. Zum Hotel gehört ein Restaurant, in dem Küchenchef Tom Patterer und sein Team Gäste mit mehrfach ausgezeichneter alpiner Gourmetküche

verwöhnen. Die Basis bilden überwiegend regionale und saisonale Produkte. Lust auf Saibling? Dann sind Sie hier garantiert richtig. €€

Sillian ➡ G/H12

Die 2000-Einwohner-Gemeinde, Zentrum des Hochpustertals, liegt an der Staatsgrenze zwischen Österreich und Italien. Hier lässt *bella Italia* schon grüßen. Der Ort ist ein idealer Ausgangspunkt für Wanderungen aller Art, auch wenn Kinder mit von der Partie sind. Für die jüngsten Gäste bietet Sillian den **Wichtelpark**, eine Spiellandschaft vom Feinsten (www.wichtel.at, Mai–Okt. 9–20 Uhr, Eintritt frei).

Im Winter erreichen Brettlfans direkt vom Dorf aus das **Skigebiet Sillian Hochpustertal**; die Bergstation liegt auf 2407 Metern Höhe. Bei einem Rundgang durch den Ort sollten Sie die einzige in Tirol erhaltene mittelalterliche Prangersäule näher in Augenschein nehmen, ebenso die barocke Pfarrkirche Maria Himmelfahrt. Für Genussradler bietet sich eine Tour auf dem Drauradweg an (vgl. S. 169 f.).

ℹ Tourist Information ➡ G/H12
Sillian 86, 9920 Sillian
✆ (050) 21 23 00

Paragliding und Skifahren gehen im Hochpustertal Hand in Hand

Ein Paradies für süße Mäuler

www.osttirol.com/orte-und-taeler/alle-orte/sillian
Mo–Fr 8–12 und 14–18, Sa 9–12 und 14–17 Uhr

Pichlers Schokoladenwelt ➡ G/H12
Kirchgasse 6, Sillian
✆ (048 42) 62 55, www.pichler-sillian.at
Mo–Fr 8–18, Sa 8–14, Juli/Aug. Sa bis 17 und auch So
10–17 Uhr
Konditormeister Hans-Gerhard Pichler hat sich den
Traum von einer eigenen Schokoladenmanufaktur er-
füllt und tüftelt seit Jahren an immer neuen Schoko-
Kompositionen: Limone-Ingwer, Pflaume-Zimt, Kara-
mell-Salz. Süßmäulchen können Neuheiten verkosten
und sich am riesigen Schokobrunnen laben. Kaffee und
Gebäck bekommt man hier auch.

Ausflugsziel:

Vitalpinum ➡ G13/14
Thal-Aue 13, Assling
✆ (048 55) 810 09, www.vitalpinum.com
Juli/Aug. tägl. 9–18, Mai/Juni, Sept./Okt. tägl. 10–17 Uhr
Eintritt Schaugarten € 5/3
Auf halber Strecke zwischen Sillian und Lienz (ca. 20 km,
1 Std. mit dem Fahrrad entfernt) findet sich ein
Kräuter-Schaugarten der besonderen Art. Hier kann
man spazieren, schnuppern, viel über die Wirkung von
Heilpflanzen erfahren und zuschauen, wie daraus äthe-
rische Öle gewonnen werden. Im Shop werden Natur-
kosmetik und andere Wohlfühlprodukte angeboten. ■

*Verkaufsraum der Latschenöl-
brennerei Vitalpinum in Assling*

Der Stausee Durlaßboden im Zillertal

Daten zur Landesgeschichte

30 000 v. Chr.	Älteste Spuren menschlicher Präsenz in Tirol.
3000 v. Chr.	Ötzi, der bekannteste Steinzeitmensch, streift durch die Gegend.
1800–800 v. Chr.	In der Bronzezeit floriert der Kupferabbau in Tirol, wertvolle Grabbeigaben zeigen frühen Reichtum.
750–400 v. Chr.	Eine Klimaverschlechterung verhindert den weiteren Betrieb der hoch gelegenen Kupferabbaustätten. Erste Handelsrouten führen durch das Gebiet.
15 v. Chr.	Die Römer erobern das heutige Tirol. Die Region profitiert vom römischen Fernhandel, der durch die Errichtung von befestigten

Die Via Claudia Augusta verläuft heute noch durch Tirol und wird als Radweg genutzt

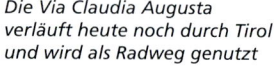

	Straßen wie der Via Claudia Augusta und Via Raetia begünstigt wird. Eine lange Friedenszeit beginnt.
476 n. Chr.	Tirol wird Teil des Reichs der ostgermanischen Ostgoten.
Ab 550	Nach dem Zusammenbruch des Ostgotenreichs erfolgt von Norden her die Einwanderung der westgermanischen Bajuwaren.
Ab dem 10. Jh.	Zur Sicherung der Gefolgschaft verleihen die deutschen Kaiser Grafschaften im Gebirge an die Bischöfe des Landes. Das macht die Loslösung aus den bestehenden Gebieten notwendig und führt zu einer gewissen Zersplitterung.
1258 –1295	Graf Meinhard II. gelingt es, die Grafschaft Tirol mit einer Mischung aus Erbschaften, klugen Verträgen und offener Gewalt zu einen – er gilt heute als Begründer Tirols.
1349	Tirol wird von der Pest heimgesucht. Der Bevölkerungsverlust wird durch rege Zuwanderung aus dem heutigen Slowenien ausgeglichen.
1363	Die Habsburger erwerben die Grafschaft Tirol, das bedeutet auch den Verlust der staatlichen Souveränität Tirols.
1406	Friedrich IV., Beiname »mit der leeren Tasche«, wird Graf von Tirol. Im Laufe seiner Herrschaft muss er sich zahlreichen Angriffen der Bayern und des oppositionellen Tiroler Adels erwehren. Mit Hilfe der Bauern und der unteren Stände bleibt er letztendlich siegreich. Als Dank für die Unterstützung gewährt er den Vertretern der Städte und der Bauern – neben Adel und Geistlichkeit – Zugang zum Landtag.
1420	Innsbruck wird Residenzstadt.
1490	Erzherzog Sigmund überträgt auf Druck der Tiroler Stände, die ihn wegen seines verschwenderischen Lebensstils loswerden wollen, die Regierung an Maximilian. Damit sind die Länder Österreichs unter einem Regenten vereinigt. Maximilians entwickelt Tirol zu einem Zentrum der Rüstungsherstellung, das damals europaweit

Maximilian I. macht Tirol zur Drehscheibe der Habsburger-Dynastie

einmalig ist. Kaiser Maximilian bezeichnet Tirol deswegen als das Herz Deutschlands.

1512 Eine Pestepidemie fordert allein in der Stadt Innsbruck 700 Opfer, auch die Umgebung der Stadt ist betroffen.

1525 Aufstand der Tiroler Bauern unter Führung von Michael Gaismair. Nachdem Erzherzog Ferdinand I. zunächst den Forderungen der Aufständischen zugestimmt hatte, lässt er später Gaismair verhaften und nimmt alle Zusagen zurück. Gaismair kann aus dem Kerker fliehen, wird aber 1532 ermordet.

1611/12 Die letzte Pestepidemie.

1618– 1648 Im Gegensatz zu anderen Gebieten des Römisch-Deutschen Reichs bleibt Tirol vom Dreißigjährigen Krieg fast vollständig verschont.

1665	Mit dem frühen Tod des kinderlosen Regenten Sigismund Franz stirbt die Tiroler Linie der Habsburger aus. Das Fürstentum fällt an den österreichischen Kaiser Leopold I.
1669	Gründung der Universität Innsbruck.
1703	Vertreibung der in Tirol eingedrungenen Bayern.
1796/97	Die Franzosen unter Napoleon greifen Tirol an und besetzten einige Ortschaften, werden jedoch von den Tiroler Schützen vertrieben.
1799	Zweiter Vorstoß der Franzosen nach Tirol, der obere Vinschgau wird verwüstet.
26. Dez. 1805	Nach der Niederlage in der Schlacht von Austerlitz gegen Napoleon muss Österreich im Frieden von Pressburg Tirol an das Kurfürstentum Bayern abtreten.
1809	Der Tiroler Volksaufstand ist eine Reaktion auf die repressive bayerische Politik, u. a. waren nach 1805 die Steuern erhöht worden, die Verfassung war außer Kraft gesetzt und die Zwangsaushebung zum Truppendienst eingeführt worden. Unter Führung von Andreas Hofer stellt sich der Tiroler Landsturm, unterstützt von österreichischen Truppen, den bayerischen und französischen Soldaten entgegen. Zunächst können die Tiroler mehrere Schlachten gewinnen und die bayerisch-französischen Truppen vertreiben. Als aber der österreichische Kaiser am 14. Oktober 1809 im Frieden von Schönbrunn

Andreas Hofer und einige seiner Mitstreiter beim Tiroler Volksaufstand

ausdrücklich auf Tirol verzichtet, stehen die Aufständischen ohne Unterstützung da und sind den erneut vorrückenden bayerischen Truppen deutlich unterlegen. Am 1. November verlieren die Tiroler die entscheidende Schlacht am Berg Isel bei Innsbruck.

20. Feb. 1810 Andreas Hofer wird auf der Flucht gefangen genommen und in Mantua auf ausdrücklichen Befehl Napoleons hingerichtet. Die Tiroler Landeshymne besingt bis heute die Geschichte Andreas Hofers und erinnert an den einstigen Freiheitskämpfer.

1810 Napoleon teilt Tirol in drei Teile auf – der Süden, einschließlich Bozen, kommt zu Italien, das Pustertal zu den illyrischen Provinzen Frankreichs, der Rest verbleibt als Innkreis bei Bayern.

16.–19. Okt. 1813 Napoleon verliert entscheidend in der Völkerschlacht von Leipzig.

1814/ 1815 In der Folge von Napoleons Niederlage wird auf dem Wiener Kongress die alte Ordnung wiederhergestellt: Tirol fällt am 3. April 1814 zurück an Österreich. Die Euphorie darüber relativiert sich schnell, denn der absolutistische Monarch in Wien denkt gar nicht daran, die von den Bayern eingeführten strengeren Gesetze wieder aufzuheben – was jene mit Gewalt eingeführt haben, passt ihm hervorragend ins Konzept.

Der Wiener Kongress von 1814

INNSBRUCK, MARIA THERESIENSTRASSE.

R. Preuss.

Maria-Theresien-Straße in Innsbruck um 1911

1848 Die Februarrevolution in Frankreich greift im März auch auf Österreich über. Kaiser Ferdinand macht zunächst Zugeständnisse und hebt die Pressezensur auf. In der Folgezeit zeigt er sich aber führungsschwach und flieht aus dem revolutionären Wien ins ruhigere Innsbruck. Bis zum Ende des Jahres wird der Aufstand niedergeschlagen. Ferdinand dankt ab und wird von Franz Joseph I. abgelöst. Die im März 1884 ausgearbeitete liberale Verfassung tritt nie in Kraft.

1915–1918 Während des Ersten Weltkriegs verläuft die Front an der südlichen Grenze Tirols.

1919 Im Friedensvertrag von St. Germain bekommt Italien das Gebiet südlich des Brenners.

April 1921 In einer vom Tiroler Landtag initiierten Volksabstimmung sprechen sich 98,8 % der Wähler für den Anschluss an das Deutsche Reich aus. Weitere Abstimmungen werden durch die Siegermächte des Ersten Weltkriegs verboten. Das »Anschlussverbot« wird in den Genfer Protokollen vom Oktober 1922 bekräftigt.

*Befreiungsdenkmal am
Eduard-Wallnöfer-Platz
in Innsbruck*

**29. Mai
1933** Nach der Machtübernahme der National-sozialisten in Berlin wird die 1000-Mark-Sperre eingeführt, das heißt, jeder Deutsche muss für den Grenzübertritt nach Österreich 1000 Reichsmark bezahlen. Ziel dieser Wirtschaftssanktion ist es, die österreichische Regierung zu schwächen und zu stürzen. Besonders betroffen ist das stark vom Tourismus abhängige Tirol.

**Feb.
1934** Bei einem sozialistischen Aufstand gegen die faschistische Dollfuß-Regierung kommt es am 13. Februar auch im Tiroler Wörgl zu Kämpfen. Wie im Rest des Lands werden auch hier die Sozialisten besiegt.

1938 Durch den »Anschluss« Österreichs kommt auch Tirol zum Deutschen Reich. Der Bezirk Lienz wird von Tirol getrennt.

Ab 1940 Bei Umsiedlungsaktionen, die Hitler und Mussolini vereinbaren, verlassen etwa 70 000 deutsche Südtiroler ihre Heimat, die Hälfte davon findet in Nord- und Osttirol dauerhaft Unterkunft. Ein Drittel kehrt nach 1945 wieder zurück.

**15. Dez.
1943** Innsbruck ist Ziel eines alliierten Luftangriffs, bei dem 269 Menschen sterben.

**3. Mai
1945** Amerikanische Truppen marschieren in Innsbruck ein.

Sommer 1945	Tirol wird Teil der französischen Besatzungszone, Osttirol wird von den Briten besetzt.
1947	Ost- und Nordtirol werden wieder vereinigt.
15. Mai 1955	Nach Abschluss des österreichischen Staatsvertrags verlassen die Besatzungstruppen das Land.
Ende der 1950er Jahre	Überall in Tirol werden Straßen gebaut. 1959 wird die Timmelsjochstraße eröffnet und mit dem Bau der Brennerautobahn begonnen.
1964	Innsbruck wird Austragungsort der Olympischen Winterspiele.
5. April 1971	Auf der Brennerautobahn wird der Verkehr zwischen Österreich und Italien aufgenommen.
1976	In Innsbruck finden zum zweiten Mal die Olympischen Winterspiele statt.
1991	Am Similaun Gletscher in den Ötztaler Alpen wird »Ötzi«, die mumifizierte Leiche eines Mannes auf der Jungsteinzeit, gefunden.
Seit 2013	Das Bundesland Tirol ist eine Hochburg der konservativen Österreichischen Volkspartei (ÖVP). Seit 2013 regiert diese in einer Koalitionsregierung mit den Grünen.
2020	Das Coronavirus bricht aus. Ischgl in Tirol wird zum Hot Spot der Pandemie in Europa. ▧

1964 und 1976 finden in Innsbruck Olympische Winterspiele statt

Tirol in Zahlen und Fakten

Einwohner: Das österreichische Bundesland Tirol hat aktuell rund 755 000 Einwohner, das entspricht etwa einem Zwölftel der Gesamtbevölkerung Österreichs. Ca. 16% der Bewohner Tirols haben einen ausländischen Pass, wobei 63 % unter ihnen aus einem EU-Staat kommen. Der Großraum Innsbruck vereint rund 310 000 Menschen, die Stadt Innsbruck trägt mit 132 000 Einwohnern dazu bei. Zweitgrößte Stadt ist Kufstein (18 000 Einwohner), gefolgt von Kitzbühel (8500 Einwohner).

Fläche: Mit 12 648 km² ist Tirol das drittgrößte Bundesland Österreichs. Wald (37 %) und Gebirge (27 %) machen den Großteil der Fläche aus, nur ein Achtel der Fläche Tirols eignet sich als dauerhafter Siedlungsraum, ein Viertel ist als Naturraum geschützt.

Höchster Berg: Großglockner, mit 3798 m auch höchster Berg Österreichs.

Längster Fluss: Der Inn (Gesamtlänge 518,5 km) durchfließt Tirol auf einer Länge von 212,5 km.

Hauptstadt: Innsbruck.

Grenzen: 1054 km, davon mit Deutschland 358 km, mit Italien 311 km und mit der Schweiz 59 km.

Politische Gliederung: Tirol ist in neun Bezirke gegliedert: Innsbruck-Stadt, Innsbruck-Land, Imst, Kitzbühel, Kufstein, Landeck, Lienz, Reutte, Schwaz. Bei den Wahlen zum Nationalrat (österreichische Landesregierung) stellt jedes der neun österreichischen Bundesländer einen Landeswahlkreis dar. Auf Tirol entfallen 15 Mandate im Nationalrat mit insgesamt 183 Abgeordneten.

Wirtschaft: Tirol hat eine gemischte Wirtschaftsstruktur, Dienstleistungssektor und produzierendes Gewerbe tragen in etwa zu gleichen Teilen zum Bruttoinlandsprodukt (BIP) bei. Über 99 Prozent der knapp 40 000 Tiroler Unternehmen sind Kleinstbetriebe oder Klein- und Mittelunternehmen, ein Großteil davon entfällt auf die Sektoren Gastronomie und Hotellerie. Der Tourismus sorgt für ca. 8,4 Mrd. Euro Umsatz, das sind 17,5 % der Tiroler Bruttowertschöpfung.

*Autobahnbrücke bei
Gries am Brenner*

Anreise

Mit dem Auto

Von der Mitte Deutschlands aus lässt sich Tirol mit dem Auto über die A7 (Kassel–Würzburg–Nürnberg) bzw. die A9 (Leipzig–Nürnberg) und weiter über München, Rosenheim und Kufstein in etwa sechs bis sieben Stunden erreichen. Ab München (A8) beläuft sich die Fahrtzeit auf ca. eine Stunde.

Auf Österreichs Autobahnen besteht **Mautpflicht**. Das gilt auch für Stadtautobahnen. Die Pkw-Vignette, die man z. B. beim ADAC oder an der Grenze erhält, kostet für zehn Tage € 9,20, für zwei Monate € 26,80 und als Jahresvignette € 89,20. Auch auf zahlreichen Berg- und Panoramastraßen sowie besonderen Durchfahrtsrouten – etwa Brennerautobahn oder Felbertauernstraße – herrscht Mautpflicht. Informationen erhält man beim Österreichischen Automobil-Club (© 0810-12 01 20, www.oeamtc.at/thema/maut-vignette)

Um autobahnnahe Gebiete an Tagen mit starkem Reiseverkehr zu entlasten, hat Tirol ein **Fahrverbot für den Ausweichverkehr** eingeführt. Dieses gilt an den Wochenenden von Ende Dezember bis Mitte April für alle Auto- und Motorradfahrer, die lediglich auf Durchreise in Tirol unterwegs sind. Auch bei Stau dürfen sie keine Landstraßen, sondern ausschließlich Autobahnen benutzen. Anrainer und Urlauber, die eine

*Mit der Zillertalbahn kommt
man in Tirol überall ans Ziel*

Unterkunft in Tirol nachweisen können, sind von dem Fahrverbot ausgenommen.

Mit dem Flugzeug

Der Flughafen Innsbruck ist gut mit Europa und der Welt vernetzt. EasyJet fliegt ganzjährig viermal wöchentlich von Berlin in die Tiroler Landeshauptstadt, Eurowings verbindet Hamburg und Innsbruck im Winter dreimal pro Woche. Ganzjährig fliegt Austrian Airlines direkt ab Frankfurt oder über Wien. Alternativ bieten sich auch München oder Salzburg als nahe gelegene Flughäfen an.

Mit dem Zug

Die gesamte Alpenrepublik ist gleichmäßig gut erschlossen, der Eurocity bindet Österreich ans internationale Zugnetz an. Die Direktverbindung München–Innsbruck z. B. dauert eine Stunde und 45 Minuten. Jenbach ist ab München in knapp eineinhalb Stunden erreicht, von dort verbindet die Zillertalbahn (www.zillertalbahn. at) zahlreiche Orte in dem beliebten Urlaubstal. Ab Hamburg und Düsseldorf gibt es Autoreisezug-Verbindungen nach Innsbruck (www.autoreisezug-planer.de).

ⓘ Bahnservice in Österreich

✆ 05 17 17, www.oebb.at (Buchung von Tickets)

Platzreservierung bis 24 Std. vor Fahrtantritt und zentrale Zugauskunft rund um die Uhr.

Auskunft

ⓘ Österreich Werbung
✆ 00800-40 02 00 00 (gebührenfrei aus Deutschland, Österreich und der Schweiz)
www.austria.info

ⓘ Tirol Werbung
Maria-Theresien-Str. 55, A-6020 Innsbruck
✆ (05 12) 532 00, www.tirolwerbung.at

Automiete, Autofahren

In allen größeren Städten bieten die führenden Leihwagenfirmen ihre Dienste an. Ein Mittelklassewagen in der Sommerreisezeit kostet pro Tag inklusive Versicherung und unbegrenzter Kilometerzahl ab etwa € 75. Günstige Angebote finden Kunden z. B. über das Portal billiger-mietwagen.de (✆ 02 21-56 79 99 11). Der Anbieter vergleicht Mietwagenpreise und Service und ermöglicht Direktbuchungen auf seiner Seite. Außerdem bietet er selbst Sonderkonditionen an.

Auf Autobahnen gilt eine **Geschwindigkeitsbegrenzung** von 130 km/h, Achtung: nachts 110 km/h, auf Land-

Das Fahren von Serpentinen will in Österreich gelernt sein

straßen sind maximal 100 km/h, in Ortschaften 50 km/h erlaubt. In Österreich besteht Gurtpflicht, auch auf den Rücksitzen. Die Promillegrenze liegt bei 0,5.

Auf Österreichs Autobahnen besteht Mautpflicht (vgl. Anreise). An bestimmten Wochenenden gilt ein Fahrverbot für den Ausweichverkehr (vgl. Anreise).

Diplomatische Vertretungen

ⓘ Botschaft und Konsulat der Bundesrepublik Deutschland
Strohgasse 14 C, 1030 Wien
✆ (01) 711 54-0, www.wien.diplo.de
Mo und Mi–Fr 9–12, Di 13–16 Uhr
Konsulate gibt es außerdem in Bregenz, Graz, Innsbruck, Linz und Salzburg.

ⓘ Honorarkonsulat der Bundesrepublik Deutschland
Dr. Dietmar Czernich
Bozner Platz 4, Palais Hauser, 6020 Innsbruck
✆ (05 12) 57 01 99
Di, Do 9–13, Mi 9–12 und 14–16 Uhr
In dringenden Fällen Kontakt über www.chg.at.

ⓘ Schweizer Botschaft und Konsulat
Prinz-Eugen-Str. 9 A, 1030 Wien
✆ (01) 795 05, www.eda.admin.ch/wien
Mo–Fr 9–12 Uhr

Käseherstellung in einer Sennerei

Schnaps aus eigener
Herstellung wird auf dem
Bauernmarkt in Kufstein
feilgeboten

ℹ️ Schweizerische Konsularagentur
Heiliggeiststr. 16, 6020 Innsbruck
✆ (05 12) 53 70 15 00, ww.botschaft-konsulat.com
Termine nach Vereinbarung.

Einkaufen

Weil in Tirol vieles so gut schmeckt, bekommt man Lust, kulinarische Souvenirs für zu Hause einzukaufen – Tiroler Bergkäse, Speck und Würste, Marmeladen und Bergblumenhonig. Wochenmärkte in größeren Gemeinden und vor allem natürlich in den Städten bieten reichlich Gelegenheit dazu. Ebenso die vielen Bauernläden mit Direktverkauf ab Hof.

Tiroler schätzen das Schnapserl nach dem Essen. Die **Schnapsbrennerei** hat hier eine lange Tradition, die in den obstreichen Gegenden noch immer begeistert aufrechterhalten wird, und so bekommt man Edelbrände praktisch überall, auch auf dem Wochenmarkt (z. B. in Lienz) oder natürlich bei den Produzenten selber. Gleich ein Dutzend solcher Brennereien findet man in Stanz, einem kleinen Ort bei Landeck im Oberinntal, das sich offiziell »Brennereidorf« nennen darf.

Giesswein Shop in Brixlegg

Auch jenseits von Essen und Trinken bietet Tirol allerhand typische Produkte, mit denen man den Daheimgebliebenen oder sich selbst eine Freude machen kann. Holz, Leder, Glas, Loden oder Filz – das sind die Materialien, aus denen kleine und größere Betriebe viele schöne und nützliche Dinge herstellen. Hausschuhe und Kleidung aus gewalkter oder gefilzter Schafwolle zum Beispiel – Spezialist dafür ist die Firma **Grottstein** aus Imst, deren Produkte unter verschiedenen Labels im Shop in Imst und auch landesweit in zahlreichen Boutiquen angeboten werden (www.grottstein.at). **Giesswein** (www.giesswein.com), Spezialist für Hausschuhe und stylishe Sneaker aus Schafwolle, ist ebenfalls in Tirol daheim und unterhält Trendstore und Outlet in Brixlegg. Für kuschelig warme Produkte aus Schafwolle, etwa Decken, Schals, Kissenbezüge, lohnt ein Abstecher nach Umhausen ins **Schafwollzentrum** im Ötztal (www.schafwollzentrum.tirol). Hier und dort bekommt Mann noch die echten Tiroler Beinkleider, die praktisch ein Leben lang halten, die Lederhosen aus Hirschleder, z.B. im **St. Johanner Lederstadl** in St. Johann in Tirol.

Schönes und Nützliches aus Glas entsteht in den Manufakturen in Rattenberg, bei **Kisslinger Kristallglas**, und in Kufstein, bei **Riedel Glass**. Tradition und urbane Coolness gehen beim **Label Tirol Shop** (https://tirolshop.com) eine gelungene Verbindung ein. Textiles für Damen, Herren und Kinder, eine Kollektion für Radsportler und allerhand witzige Accessoires für drinnen und draußen bieten die Tirol Shops in Innsbruck und Lienz, doch auch in zahlreichen Boutiquen in ganz Tirol ist das Label vertreten.

Essen und Trinken

In ganz Österreich und natürlich auch in Tirol spielt die Zwischenmahlzeit – **Jause** genannt – eine wichtige Rolle. Dabei geht es mit Käse, Verhackertem, Leberkäse, Landjäger, Kaminwurzen und anderen Wurstspezialitäten durchweg deftig zu. Bei einer Brettljause, auch *Marend* genannt, darf natürlich der **echte Tiroler Speck** nicht fehlen. Nicht zu mager und nicht zu fett soll er sein, gut gewürzt, mild geräuchert und bis zu sechs Monate an Tiroler Bergluft gereift. Stilecht wird er auf einem Brettl mit einem scharfen Messer in feine Streifen und Würfel geschnitten. Komplett wird die Marend, die man am besten in geselliger Runde genießt, durch knuspriges Bauernbrot und ein *Stamperl*, wie die Tiroler ein Gläschen Obstbrand nennen.

Geht es um warme Gerichte, fallen wohl jedem Kenner der Tiroler Küche zuallererst die **Speckknödel** ein – ob Gasthof im Tal oder Almhütte, die beliebte Stärkung findet sich auf nahezu jeder Speisekarte. Tra-

Brotzeit auf der Alm bei Mayrhofen

Brettljause

ditionell werden die Knödel in einer kräftigen Brühe serviert, gern aber auch mit Sauerkraut oder Salat verzehrt. Eine andere Variation des Knödelthemas sind **Kaspressknödel**. Der Teig dafür wird mit Bergkäse zubereitet, flach gepresst und in Fett ausgebraten. Auch Käsespätzle, hier **Kasspatzln** genannt, gehören zu den Herrlichkeiten der Tiroler Küche. Je besser der Käse, desto besser schmeckt das Gericht. Das Tiroler **Gröstl** wurde ursprünglich erfunden, um die Reste des Sonntagsbratens zu verwerten und zu strecken, sodass die Familie noch einmal davon satt wird. Längst aber ist das schmackhafte Pfannengericht mit Kartoffeln, Fleisch, Zwiebeln und Ei in die Spezialitätenliga aufgestiegen.

Aus Milch, Mehl und Eiern zaubern Tirols Köchinnen und Köche wunderbare Speisen. Süße und herzhafte. Beispielsweise deftige, mit Kartoffeln gefüllte **Schlutzkrapfen**, süße **Strauben**, die in siedendem Öl ausgebacken werden, oder **Moosbeernocken** – hier wird der Teig mit Waldfrüchten vermengt, in der Pfanne gebraten und mit Puderzucker bestäubt. Lecker! **Kaiserschmarrn** ist streng genommen keine Tiroler, sondern eine gesamtösterreichische Spezialität. Weil er so ziemlich das Allerbeste ist, was man mit Milch und Eiern machen kann, bekommt man ihn auf fast jeder Hütte.

In Sachen **Trinkkultur** hat Tirol ebenfalls einiges vorzuweisen. Da wäre zum Beispiel naturtrüber Saft von Äpfeln, die auf sonnenverwöhnten Plateaus reifen. Oder auch der Sirup aus den Blättern und Blüten des Holunderstrauchs. Dieser wird in vielen Haushalten selbst gemacht, um ihn mit Wasser oder Sekt zu erfrischenden Drinks zu mixen. Tirols Antwort auf Coca Cola ist Tirola Kola, die ihr Aroma durch Fichtennadeln, Zirbe und Kolanuss bekommt.

Aus Obstsorten von Apfel bis Vogelbeere stellen die Tiroler **Edelbrände** her. Auch Gin mit Zutaten wie

Die bei den empfohlenen Restaurants angegebenen Preiskategorien beziehen sich jeweils auf ein Hauptgericht:

€   – untere Preislage (bis 15 Euro)
€€   – mittlere Preislage (15 bis 25 Euro)
€€€ – obere Preislage (über 25 Euro)

TROFANA ERLEBNIS-DORF

Mils bei Imst, Tirol

Ewiger Frühling in Tirol. Zwischen Imst und Landeck im Tiroler Oberland liegt eine etwas andere Autobahnraststätte, ein Kreuzungspunkt von Reisenden, Einheimischen und Genießern. Angelegt als »Dorf« mit

»Marktplatz«, von Glasbergen überdacht, sodass Besucher zu jeder Jahreszeit und bei jedem Wetter dort herumschlendern können. Die locker gereihten Häuser im Tiroler Stil sind zweifellos ein Erlebnis an der Autobahn.

Am Info-Point wird über die Raststätte, aber auch über die Verkehrslage und das Land Tirol Auskunft erteilt. Auch Hotelbuchungen können vorgenommen werden. Kinder, die lange im Auto stillhalten mussten, dürfen nach Herzenslust auf dem Spielplatz toben. Wem nach Stille zumute ist, der kann die St. Christophorus Kapelle aufsuchen. Den Reisenden stehen zwei große Gastronomiebetriebe zur Verfügung, sie können sich aber auch im Dorfladen mit würzigem Käse, herzhaften Selch- und Wurstwaren, Marmeladen, Kuchen und dem berühmten Tiroler Schnaps (für die Zeit nach der Fahrt) eindecken. Wer aber lieber dableiben will, kann im Hotel mit Blick auf die Milser Au übernachten. Der Komfort entspricht dem modernen Standard, es gibt Internetzugang.

Etwas Besonderes ist die Topqualität des Trinkwassers. Vor einigen Jahren wurde eine hochwertige Wasserveredelungsanlage eingebaut, die das feuchte Nass nur aus den Hähnen laufen lässt, nachdem es gründlich geprüft wurde. Es darf nicht den geringsten Grad an Insektiziden, Fungiziden und Herbiziden aufweisen, darf nicht von Motorabgasen, Kunstdünger, Bakterien und Pilzen beeinträchtigt und nicht von Schwermetallen, krebserregenden Substanzen aller Art und Radioaktivität kontaminiert sein. Diese

Im Laden des Erlebnisdorfes Trofana kann man u. a. Tiroler Schinken erwerben.

Informationen sollen nicht nur terrestrisch, sondern sogar kosmisch abgerufen werden.

Nachgewiesen ist, dass dieses Wasser vom Feinsten einen guten Härtegrad, einen optimalen Nitratgehalt und alle wichtigen Spurenelemente, Mineralstoffe und Vitamine besitzt – die ideale Erfrischung also auf einer langen Autofahrt. Die angrenzende Hitte-Hatte-Au, ein Erlebnispark, ist als Landschaftsschutzgebiet in die Berge eingebettet und lädt ein zur Erholung in Kräutergarten, Kneippanlage, Schaubauernhof und Fischerhütte mit Fischteich.

INFO: Mils bei Imst liegt ca. 60 km westlich von Innsbruck. **INFO TROFANA ERLEBNIS-DORF:** An der Au 1, 6491 Mils bei Imst, Tel. (054 18) 601-0, www.trofanatyrol.at, Öffnungszeiten SB-Restaurant tägl. 6–22, Restaurants Mo–Fr 10.30–17.30, Sa/So bis 22, Laden tägl. 8–19 Uhr, Tankstelle und Cafeteria 24 Std.

Wacholder oder Zirbe und Whisky bereichern inzwischen die Palette der regionalen Spirituosen. Tiroler **Wein**? Es ist noch gar nicht so lange her, da wurden die neuen Alpin-Winzer belächelt. Inzwischen können sich Nordtiroler Winzer aus Haiming im Oberinntal bei Imst mit Auszeichnungen schmücken. Auch im nahegelegenen Mieming wird Wein angebaut. Möchten Sie kosten? Dann fragen Sie am besten den Sommelier in einem Haubenrestaurant.

Feiertage, Feste

Offizielle Feiertage sind: 1. Januar (Neujahrstag), 6. Januar (Heilige Drei Könige), Ostermontag, 1. Mai (Staatsfeiertag), Christi Himmelfahrt, Pfingstmontag, Fronleichnam, 15. August (Maria-Himmelfahrt), 26. Oktober (Nationalfeiertag), 1. November (Allerheiligen), 8. Dezember (Maria Empfängnis), 25. Dezember (Christtag), 26. Dezember (Stephanitag).

In Tirol feiert man gern. Das Jahr ist noch jung, wenn die Tiroler kunstvoll gefertigte Masken und Kostüme aus dem Schrank holen – **Fastnacht** wird vielerorts nach altem Brauch gefeiert, und zwar so eigenwillig und seit Generationen unverfälscht, dass die UNESCO das eigen-

Der Laternenträger beim Schleicherlaufen in Telfs

*Blick auf die Ehrwalder Sonnen-
spitze beim Sonnwendfeuer*

tümliche Treiben als immaterielles Welterbe anerkannt hat. Zu den eindrucksvollsten Veranstaltungen gehören der **Schemenlauf** in Imst im Tiroler Oberland (alle vier Jahre, nächster 2024), das **Nassereither Schellerlaufen** (alle drei Jahre, nächstes 2022) und das **Fastnachtfieber** in Telfs (alle fünf Jahre, nächstes 2025).

Die **Osterzeit** wird mit Passionsspielen, Palmprozessionen und Ostermärkten gefeiert. Besonders sehenswert ist die Prozession in Imst. Auch in der kleinen Gemeinde Thaur nahe Innsbruck zieht eine eindrucksvolle Palmsonntagsprozession hinauf zum wunderschönen Romedi-Kirchlein.

Wenn der längste Tag auf die kürzeste Nacht trifft, wird der Sommer im alpenländischen Raum mit **Sonnwendfeuern** am Berg begrüßt. Am 3. Samstag oder Sonntag nach Pfingsten werden vielerorts **Herz-Jesu-Feuer** entzündet. Diese Tradition geht eigentlich auch auf den Brauch der Sonnwendfeier zurück, wurde im Laufe der Zeit aber umgedeutet – und soll an einen Schwur im Jahr 1796 erinnern, mit dem im Kampf gegen Franzosen und Bayern die Einheit der Tiroler besiegelt werden sollte.

Höhepunkte im Festkalender sind die **Almabtriebe** am Ende des Sommers, wenn prächtig geschmückte Rinder, Schafe und Ziegen zurück in die Täler kommen – rund 40 davon gibt es in Tirol, zu den größten gehört der dreitägige Abstieg mit über 700 Tieren, den man in Tannheim feiert. Ebenso eindrucksvoll ist der Almabtrieb von der Berliner Hütte ins Zillertal, der alljährlich in Dornau mit Tanzmusik und Schmankerln gefeiert wird.

*Traditioneller Almabtrieb
in Pertisau am Achensee*

Geld, Kreditkarten

Währungseinheit ist der Euro (€). Die **Banken** haben in der Regel Mo bis Fr 8–12.30 und 13.30–15.30, manche bis 17 Uhr geöffnet. Gängige **Kreditkarten** werden in den touristischen Regionen fast überall akzeptiert. Nur in kleineren Betrieben, etwa auf einer Almhütte, ist mit der Kreditkarte nichts zu bekommen.

Die **Sperrung** fast aller Kreditkarten ist rund um die Uhr unter ✆ + 49 116 116 bzw. ✆ +49 30 40 50 40 50 möglich. Kunden von American Express melden den Kartenverlust unter ✆ +49 69 97 97 20 00. Einige Banken wie Post- und Targobank nehmen am Sperrnotruf nicht teil. Deren Kunden müssen sich direkt bei der Bank bzw. dem Kreditkartenunternehmen melden.

Hinweise für Menschen mit Handicap

Monoskigebiete, Skilanglauf für Menschen mit körperlichen Einschränkungen, barrierefreie Ausflugsziele und Handbike-Routen – Tirol lässt sich auch mit Handicap aktiv erleben und genießen. Einige Hoteliers vermieten das passende Sportgerät, manche Skischulen haben sich auf Menschen mit Einschränkungen und besonderen Bedürfnissen spezialisiert. Etliche Gastgeber bieten barrierefreie Unterkünfte an: Ob Hotel, Ferienwohnung oder Urlaub auf dem Bauernhof – überall finden sich Gastgeber, die sich auf Gäste mit Handicap eingestellt haben. Infos unter www.tirol.at/reisefuehrer/barrierefrei.

Menschen, die medizinische Betreuung, beispielsweise Hilfe beim Verbandswechsel oder bei der Körperhygiene benötigen, bieten im Ötztal mehrere Medical Health Care-Betriebe ihren Service an. Infos unter www.oetztal.com.

Internet

Einige Websites bieten interessante Informationen zu Tirol:

www.tirol.at – Online-Reiseführer der Tirol Werbung

www.blog.tirol – netter Blog der Tirol Werbung mit Geschichten über Land und Leute sowie vielen Rezepten

www.wanderfreak.de/kategorien/tirol – jede Menge Tipps zum Wandern, Schlemmen und um sich verwöhnen zu lassen

www.tourenwelt.at – zahlreiche detaillierte Vorschläge für Ski-, Rad- und Bergtouren

www.tirol-erleben.at – Museen, Thermen, Badeseen, Freizeitparks, hilfreich bei der Suche nach passenden Ausflugszielen

Wandern auf dem Hahnenkamm

Klima, Reisezeit

Klimatisch liegt Tirol im Grenzgebiet zwischen atlantischen, kontinentalen und mediterranen Einflüssen. Konkret bedeutet das: schneereiche Winter, feuchtwarme Sommer und ein goldener Herbst. Es lassen sich jedoch unterschiedliche Mikroklimazonen ausmachen. So zeichnet sich beispielsweise Lienz am Fuße der Dolomiten mit mehr als 2100 Sonnenstunden als besonders sonnenreiches Fleckchen Österreich aus, im Winter und im Frühling ist es hier aber auch durchschnittlich ein paar Grad kälter als in Innsbruck oder anderen Tälern in (Nord-)Tirol.

Faszinierend ist der Frühling in Tirol. Während auf den Bergen teilweise noch bis Mai der Winter herrscht, steigen die Temperaturen in den Tälern nach der Schneeschmelze schnell auf 20 °C.

Medizinische Versorgung

Die ärztliche Versorgung ist landesweit ausgezeichnet. Im Gebirge ist die Ausstattung und Schnelligkeit der Hilfs- und Rettungskräfte bei Ski-, Lawinen- und Absturzunglücken vorbildlich.

Das Apothekennetz erstreckt sich dicht über das ganze Land. Der Apotheken-Notruf (24 Std., ✆ 14 55) erteilt Auskunft über die nächstgelegene dienstbereite Apotheke.

Wanderurlaub für die ganze Familie

Kinder können in Tirol Haflinger reiten

EU-Bürger, die in ihrem Land krankenversichert sind, erhalten in Österreich dieselbe Behandlung wie ein versicherter österreichischer Patient. Als Versicherungsnachweis gilt die Europäische Krankenversicherungskarte (EKVK). Der behandelnde Arzt muss ein vertragliches Abkommen mit einer österreichischen Versicherungsanstalt haben.

Mit Kindern in Tirol

Tirol ist zu jeder Jahreszeit ein perfektes Ziel für den Urlaub mit Kindern. Im Winter gibt es in jedem größeren Skigebiet Kinderbetreuung und Kinderskischulen (Achtung: In Österreich besteht Skihelmpflicht bis zum Alter von 15 Jahren). Im Sommer kommen die kleinen Urlauber ebenfalls nicht zu kurz. Es locken viele spannende Ziele, etwa Klammen mit tosenden Bergflüssen, die man ganz gefahrlos auf kleinen Beinen und sogar mit dem Kinderwagen durchqueren kann. Themenwanderwege, familientaugliche Klettersteige, Kletterparks und Sommerrodelbahnen, wo man in Bobs über sonnige Almwiesen und durch schattige Wälder sausen kann, bringen Abwechslung in den Wanderurlaub. Am Etappenziel gibt es Schmankerl wie Kasspatzln und Kaiserschmarrn, die bei den Kleinen in aller Regel hoch im Kurs stehen. Kindlicher Wissensdurst lässt sich an vielen Orten stillen – ganz besonders im Ötzi-Dorf in

Das Angebot für Kinder ist groß in den Tiroler Skischulen

Umhausen, wo kleine und große Besucher eine Ahnung davon bekommen, wie der Alltag der Steinzeitmenschen ausgesehen hat.

Nachtleben

In der (kleinen) Großstadt Innsbruck gibt es natürlich alles, was man von einem urbanen Nachtleben erwarten darf: Theater, Kinos, Kneipen, Bars und Clubs. Damit kann der ländliche Raum naturgemäß nicht mithalten. Das heißt aber nicht, dass sich die abendliche Unterhaltung dort auf eine gemütliche Runde im Dorfkrug oder den Besuch der Hotelbar beschränken muss. Vor allem in den Hochburgen des Skitourismus gehören Pistenspaß und Party zusammen wie Winter und Schnee. Wegen seines quirligen Nachtlebens wird Ischgl scherzhaft »Ibiza der Alpen« genannt. Paznaun und Sölden sind ebenfalls dafür bekannt, dass in ihren Après-Ski-Bars die Post abgeht, und auch die größeren Ferienorte des Zillertals – Mayrhofen, Finkenberg, Tux und Zell – sind beliebte Destinationen für alle, die nach dem Outdoortag gerne Party machen. Kulturell anspruchsvolles Amüsement bieten Sommertheater und Festspiele, z. B. die Tiroler Festspiele in Erl (www.tiroler-festspiele.at) oder ein Festival namens »Stummer Schrei« (www.stummerschrei.at) in Stumm im Zillertal, mit Konzerten, Lesungen und Filmvorführungen.

Notfälle, wichtige Rufnummern

Notruf ℂ 112
Feuerwehr ℂ 122
Polizei ℂ 133
Bergrettung ℂ 140
Ambulanz/Rettung ℂ 144
Apotheken-Notdienst ℂ 14 55
Pannendienste: ÖAMTC ℂ 120, ARBÖ ℂ 123
Busauskunft ℂ (01) 711 01
Zugauskunft ℂ (05) 17 17
Flugauskunft ℂ (01) 700 72 22 33
Wetter ℂ 0900-91 15 66 80

Öffnungszeiten

Die Öffnungszeiten der Geschäfte sind unterschiedlich, die meisten sind Mo bis Fr 9–18 Uhr – Lebensmittelläden oft schon ab 8 Uhr – und Sa bis 13, in größeren Orten bis 17 Uhr geöffnet. In den Ferienorten bleiben die Türen oft länger offen. Apotheken sind normalerweise Mo bis Sa 8–18 Uhr geöffnet; außerhalb der Geschäftszeiten findet man die nächste Bereitschaftsapotheke online mithilfe der Postleitzahl (www.apotheker.or.at). Banken sind in der Regel von Mo bis Fr 8–16 (Fr bis 15) Uhr für den Publikumsverkehr geöffnet, die meisten Postfilialen bieten Mo bis Fr zwischen 8 und 12 sowie 14 und 17.30 ihre Dienste an.

Après-Ski-Partys wie in St. Anton am Arlberg finden sich vielerorts

Post, Briefmarken

Das Porto für Postkarten und Briefe bis 20 Gramm beträgt € 0,80, für Briefe bis 75 Gramm € 1,35.

Presse

Österreich gehört zu den Ländern mit dem reichhaltigsten Presseangebot der Welt. Alle großen internationalen Tageszeitungen sind zu bekommen. Die interessantesten einheimischen Blätter sind der liberale »Standard«, die konservative »Presse« und die reichweitenstärkste Tageszeitung im Bundesland Tirol, die »Tiroler Tageszeitung« mit ihren Lokalausgaben für Innsbruck, Kitzbühel, Kufstein und andere Städte.

Rauchen

Österreich galt lange Zeit als eines der letzten »Raucherparadiese« – doch damit ist nun schon länger Schluss. Seit Mai 2018 ist das Rauchen in Gaststätten generell verboten, Wirte dürfen ihrer qualmenden Klientel auch keine separaten Räume mehr zur Verfügung stellen. Lediglich Hoteliers können einen speziellen Raucherraum einrichten, in dem allerdings weder getrunken noch gegessen werden darf.

Das Verbot gilt auch für E-Zigaretten; Jugendlichen unter 18 Jahren ist das Rauchen gesetzlich untersagt.

In brenzligen Situationen hilft die Bergrettung

Auf dem Grat des Großvenediger in den Hohen Tauern

Sicherheit

Die Gefahren in der Natur werden von Urlaubern bisweilen unterschätzt. Wanderer und Bergsteiger sollten ihre Touren sorgfältig planen, in jedem Fall den Wetterbericht verfolgen und Unwetterwarnungen ernst nehmen. Praktische Tipps für das Verhalten im Notfall gibt die Bergwacht auf ihrer Website www.bergrettung.at. Städtereisende sollten speziell rund um die größten Touristenattraktionen auf ihre Wertsachen achten.

Sport und Erholung

Tirol ist ein ideales Land für alle Wintersportarten. Skisport ist in allen Facetten und Schwierigkeitsgraden möglich. Allerdings sollten alle Wintersportler, ausgenommen Skilangläufer, die teilweise recht hohen Kosten (Lift) bedenken. Sie »läppern« sich rasch zu bedeutsamen Summen zusammen. Deshalb sollte man sich möglichst schon vor Urlaubsbeginn über günstige Kombiangebote informieren: Skipässe, Familienkarten, Gästeermäßigungen. Über Schneelagen und Lawinengefahr informieren regionale Radio- und TV-Sender, örtliche Schneetelefone und die Websites www.alpen verein.at, www.lawine.at.

Das Alpenland ist auch wunderbar zum Wandern geeignet. Auskünfte über das Wanderwetter und allgemeine Bedingungen erteilen die Sektionen des Österreichischen Alpenvereins (✆ 05 12-595 47), sehr informativ ist auch die Homepage www. alpenverein.at. Um den Wanderausflug zu einem Erlebnis zu machen, ist eine gute Ausrüstung unbedingt ratsam. Festes, ein-

Wandern auf dem Karnischen Höhenweg im Hochpustertal

gelaufenes Schuhwerk, Regenschutz, Wanderkarte und genug zu trinken (am besten leichte Plastikflaschen mitnehmen) gehören zum Standard.

Markierte Wanderrouten sollte man nicht verlassen und die Ratschläge der Einheimischen stets ernst nehmen. Sie kennen sich in den Wanderregionen am besten aus. In den Alpen kommt es immer wieder zu raschen Wetterumschwüngen. Vorsicht ist daher immer und überall geboten.

Sprachhilfen für das Österreichische

Österreich, sagen die Österreicher, sei ein glückliches Land: Dort sprechen alle Leute Deutsch und sind trotzdem keine Preußen! Dennoch hat man noch nie von Austauschschülern gehört, die nach Österreich entsandt wurden, auf dass sie ordentliches Deutsch lernen. Das Land ist sprachlich zerrissen, unzählige Dialekte dominieren und austriakische Kuriositäten sind in der Tagespresse und selbst in der gehobenen Literatur ständig zu finden. Sogar Speisekarten halten manche Überraschung parat.

»Ich ersuche Sie«, sagt der Polizist, wenn der Verkehrssünder nicht gleich einsichtig ist. »Setzen wir uns nieder«, heißt es im Kaffeehaus, der Amtsstube oder im Wartesaal. »Frau Figlmüller ist heute unter Verschluss, da kann ich Sie nicht durchstellen«, erklärt die Sekretärin den stressgeplagten Alltag der Chefin.

Der »Adabei« ist einer, der keinen gesellschaftlichen Anlass ohne seine Gegenwart verstreichen lässt. Der »Ahnl« ist ein Vorfahre, der »Abschnitzl« das, was beim Schnitzen und Schneiden von Holz oder Fleisch zurückbleibt. Ein besonderer Schmäh, also üble Nachrede, ist der »Anserschmäh« (Einserschmäh). Und der »Armutschkerl« hat nicht nur wenig Geld, sondern ist überhaupt ein bedauernswertes Geschöpf.

Mancher Erstbesucher wähnt sich im sprachfremden Ausland, dabei sind die Österreicher beim Sprechen nur ein wenig barock, »Jessasmaria!«. Man muss gut zuhören, sich der Klangmelodie anpassen, dann bekommt man bald recht gut mit, worum es bei dem »schlampert« wirkenden Genuschel geht.

Lang zieht sich die Sprache der Österreicher, bandwurmartig, und so gemütlich ist sie wie die Lebensart im Alpenland. »Danke – bitte«, lautet eine der häufig zu hörenden Wendungen. Man bedankt sich für etwas, klärt aber im selben Atemzug, dass man solches von einem dienstbaren Geist schon erwarten kann.

»Das möchd scho sei!«, »Was waaß denn ich«, wird ausgewichen, wenn die Antwort nicht klar ist. »Des interessiert doch mich ned«, wird nachgebessert. »Geh heerst, gib a Ruah«, wird der Schlussstrich gezogen. Mitunter heißt es auch: »Naa, geh heerst, bisd ned ganz gscheit!« Und wenn dann immer noch verbaler Widerstand kommt, bleibt nur noch der Schmäh: »No, da heert sich doch alles auf. Da siehst, diese Ausländer, allweil hudln, allweil bressiern, aber dann wundern, wenn's ned old wird'n, geh heerst!«

Gelegentlich kommt es auch mal zur sprachlichen Attacke: »Schau ned so bleed!« Selbst das klingt noch lieblich. Ohnehin muss es immer gemütlich zugehen, in Österreich werden nirgendwo »Kristalllamp'n von der Deck'n geschossen«, auch wenn die »Piefkes« (alle Deutschen außer den Bayern, auch »Mexikaner« von »mag sie kaner« genannt) auf Einhaltung von Terminen und Absprachen bestehen.

Das österreichische Deutsch schmiegt sich als Sprachfluss ins Ohr, kommt nur manchmal etwas ungewohnt daher. In diesem Durchgangsland wird eben nicht nur Deutsch gesprochen. Von jeher hat hier Heimrecht, was die Fremden über Jahrhunderte hinweg mitbrachten. Wer genau zuhört, wird schnell verstehen, dass ein »Beisl« nichts anderes ist als ein uriges Gasthaus, in dem man sein »Laberl«, ein Gericht mit verschiedenen Fleischsorten, oder »Geselchtes« (Rauchfleisch) verzehrt, aber auch Gemüsesorten wie »Paradeiser« (Tomaten), frische »Erdäpfl« (Kartoffeln) oder »Karfiol« (Blumenkohl) zu sich nimmt und mit einem »Achterl« nachspült. Beim letzten Wein vor dem Heimgehen spricht man von einem Fluchtachterl.

Ein »Götz« ist ein sonderbarer Mensch, bei »Graffelwerk« handelt es sich um etwas Nutzloses, nicht Funktionstüchtiges, und »Loatsch« bezeichnet eine Weibsperson, die trinkt, unzüchtig lebt und auch nicht in die Kirche geht. Das T-Shirt heißt »Leiberl«, krumme Geschäfte werden als »Machloikes« verharmlost und »pipperln« bedeutet nicht das, was Sie sofort denken, sondern nur gern und häufig Wein trinken.

Der »Schani« ist der Kellner, darf aber nicht so gerufen werden, auch der »Türschnapperl« – jener, der in Hotels und Restaurants Auto- und sonstige Türen aufreißt – will nicht so heißen, sonst setzt es womöglich eine »Tschinelle« (Ohrfeige). Vorsicht auch beim Umgang mit dem »Ungustl«, einem unsympathischen Menschen. Aber Österreich ist in Wahrheit ein »Prutschenellengspiel« (Marionettentheater), fast alles basiert auf »Mischkulanz«, nur die Oberösterreicher tanzen als »Mostschädel« aus der Reihe.

Man liebt es gemütlich. Und wenn doch einmal Stress aufkommt, gelten drei Standardformeln: »Dös hamma allaweil so g'macht«, »Dös hamma no nia so g'macht« und »Da kennt ja jeda kumman«. Das ist seit Jahrhunderten Österreichs Motto und Bollwerk gegen Tempomacher, Antitraditionalisten und andere Engstirnige – »Nua ned hudln.«

Strom

In Österreich sind – wie in Deutschland – Stecker vom Typ F und sogenannte Eurostecker (Typ C) üblich, auch die Netzspannung ist gleich (230 Volt/50 Hertz).

Hunde sind auch beim Wandern treue Begleiter

Telefonieren

Achtung: Man erkundige sich an der Hotelrezeption, welcher Tarif für Inlands- und Auslandsgespräche gilt – Aufschläge um bis das Fünffache sind durchaus üblich. In den meisten Gegenden Tirols funktionieren Handys, nur in einigen Gebirgsregionen ist der Empfang schwach.

Es gelten folgende Ländervorwahlen:
Österreich ℂ +43
Deutschland ℂ +49
Schweiz ℂ +41

Tiere auf Reisen

Tiere sind in Österreich in den meisten Hotels, Pensionen und Restaurants willkommen. Allerdings legen viele Hoteliers Wert auf eine vorherige Anmeldung. Die Einreise ist relativ unproblematisch: Tiere, die älter als 12 Wochen sind, müssen eine tierärztliche Tollwutbescheinigung haben. Die Impfung muss mindestens 30 Tage vor der Reise erfolgen und darf nicht älter als 12 Monate sein. Maulkorb und Leine müssen mitgeführt werden. Jedes Tier muss durch eine deutlich erkennbare Tätowierung oder einen Mikrochip gekennzeichnet sein. Eine Zeckenbehandlung ist ratsam.

Trinkgeld

Ein angemessenes Trinkgeld wird für jedwede Dienstleistung erwartet. € 2–3 sollten es schon sein, in guten

Zahlreiche Berghütten in Tirol bieten Besuchern Unterkunft nach anstrengenden Wanderungen

Restaurants etwas mehr. Als Faustregel gilt: 5 % des Gesamtbetrags. Auch die Menschen, die das Hotelzimmer Tag für Tag in Topform bringen, freuen sich über ein paar Dankeschön-Münzen.

Unterkunft

Tirol hat alle Formen von Unterkünften zu bieten – vom Luxushotel über einfachere Hotels und Pensionen, Bauernhöfe mit Feriengastbetrieb bis hin zum Mehrbettzimmer, dass man bei mehrtägigen Wanderungen auf einer Hütte mit anderen teilt. Wer eine Tour plant, sollte rechtzeitig reservieren, da die Kapazitäten begrenzt und auf beliebten Wanderrouten schnell ausgeschöpft sind. Über Wanderrouten und Berghütten kann man sich unter www.almenrausch.at informieren und natürlich auch bei den regionalen Tourismusbüros. Pures Kontrastprogramm für alle Großstädter ist auch der Urlaub auf dem Bauernhof. Eine Auswahl der schönsten Höfe hat die Tirol Werbung auf ihrer Website zusammengestellt (www.tirol.at/urlaub-buchen/bauernhofurlaub). Und es geht noch uriger: Sommer- und Winterurlauber können sich auch in einsam gelegenen Almhütten einmieten. Einige davon werden bewirtschaftet, in anderen wohnt man ganz für sich allein. Zu manchen der Hütten führen ganzjährig befahrbare Straßen, andere lassen sich nur mit der Bergbahn und zu Fuß erreichen. Wer das Ganze in einer Luxusvariante haben möchte, dem bieten sich die schicken und erstklassig ausgestatteten Domizile in einem extra für Touristen errichtetem Chalet-Dorf als Alternative (www.tirol.at/urlaub-buchen/chalets-almhuettendoerfer).

Gäste, die in Bezug auf Architektur und Interieur anspruchsvoll sind, werden sich in Designhotels wohler fühlen als in den mitunter etwas gesichtslosen Hotels der Drei- und Vier-Sterne-Kategorie. Auch hier hat die Seite der Tirol Werbung besondere Tipps: www.tirol.at/urlaub-buchen/designhotels.

Verkehrsmittel

Das öffentliche Nahverkehrsnetz ist exzellent und stets die bessere Alternative zum Auto (Parkplatznot und allzeit verstopfte Straßen). In Trafiken (Mischung aus Kiosk und Tabakladen), Tourist Informationen und vielen Hotels gibt es Pläne mit Nahverkehrsanbindungen für die jeweilige Stadt oder Region.

Zeitzone

Im Winter gilt in Österreich die Mitteleuropäische Zeit (MEZ), im Sommerhalbjahr (ab Ende März bis Ende Okt.) die Sommerzeit (MEZ + 1).

Zoll

Generell gilt innerhalb der EU der freie Warenverkehr. Ausnahmen bestehen für Alkohol und Tabakwaren. So dürfen maximal 800 Zigaretten, 200 Zigarren oder ein Kilo Tabak für den Eigenbedarf zollfrei eingeführt werden; bei Spirituosen liegt die Obergrenze bei 10 Litern, zollfreier Weinimport ist bis zu einer Menge von 90 Litern erlaubt. Detaillierte Infos finden sich auf der Website des Österreichischen Finanzministeriums (www.bmf.gv.at) und unter www.zoll.de. ■

Die Wiege des alpinen Skilaufs
begeistert auch im Sommer

stantonamarlberg.com

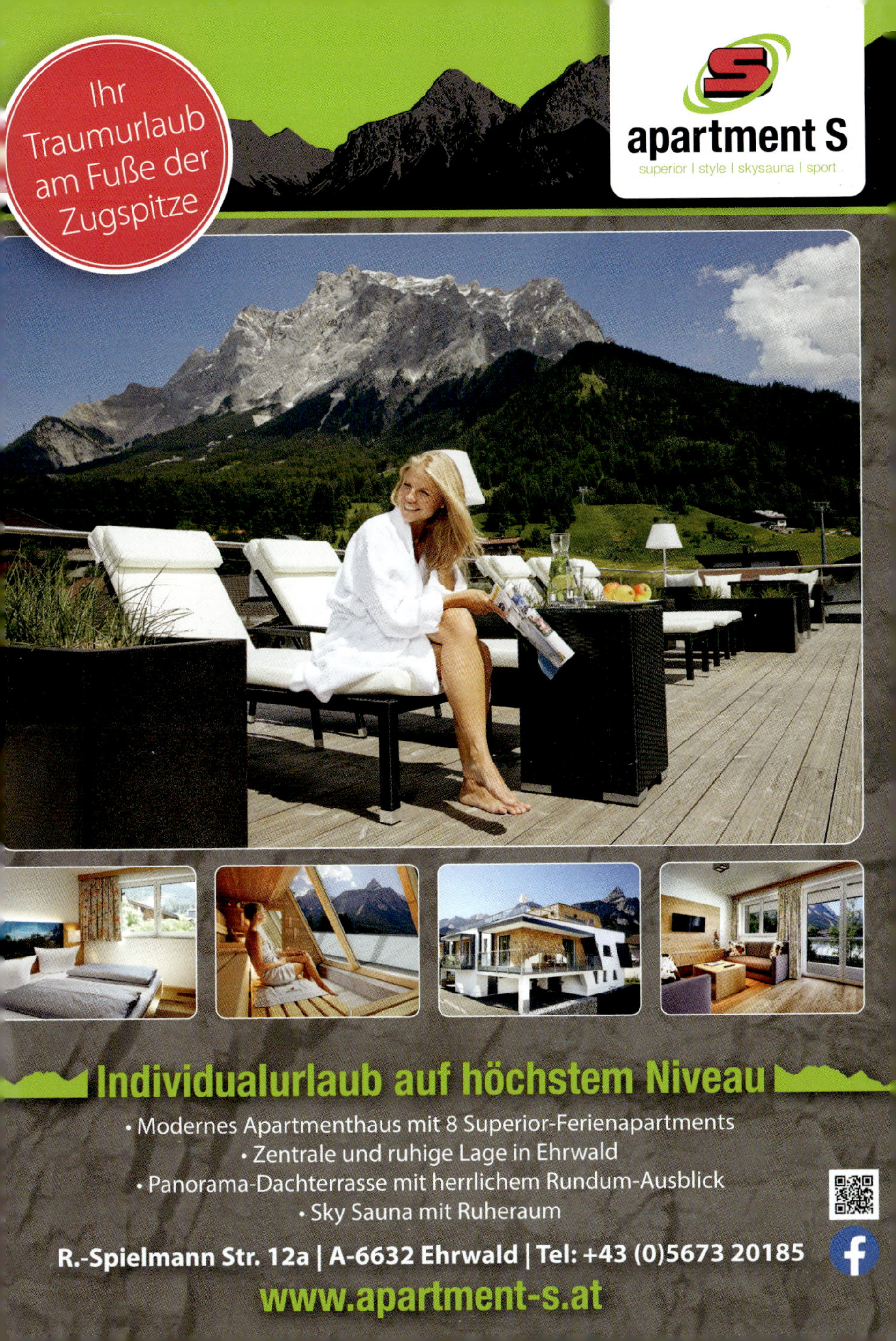
Ihr Traumurlaub am Fuße der Zugspitze
apartment S
superior | style | skysauna | sport
Individualurlaub auf höchstem Niveau
• Modernes Apartmenthaus mit 8 Superior-Ferienapartments
• Zentrale und ruhige Lage in Ehrwald
• Panorama-Dachterrasse mit herrlichem Rundum-Ausblick
• Sky Sauna mit Ruheraum
R.-Spielmann Str. 12a | A-6632 Ehrwald | Tel: +43 (0)5673 20185
www.apartment-s.at

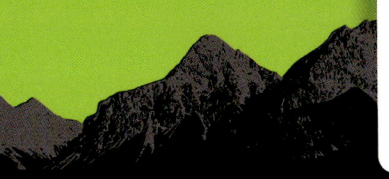

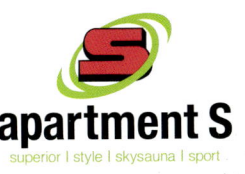

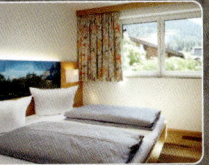

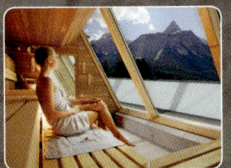

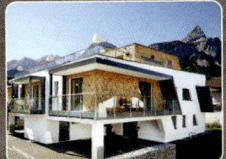

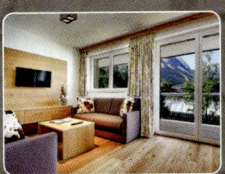

AQUA DOME, Längenfeld: S. 79
Arlberger Bergbahnen AG: S. 89
Audioversum/Daniel Zangerl: S. 27 o., 27 u.
Tom Bause: S. 29
Bergbahnen Steinplatte/defrancesco.at: S. 152
Jovanovic Danijel: S. 28
fieberbrunn.com: S. 150
Fotolia/chiarafornasari: S. 22; Alban Egger: S. 30;
firstflight: S. 83; Frank: S. 135; Iehvis: S. 70; LianeM:
S. 20; PragerRene: S. 77; Hans-Peter Reichartz: S.
161; RWDesign: S. 141; Andrea Seemann: S. 127;
Sirious: S. 119; Anibal Trejo: S. 34; VRD: S. 73
Hexenwasser Söll: S. 139
Hotel Hohenfels, Tannheim: S. 65
iStockphoto/Hartmut Albert: S. 111; CAHKT: S. 88;
clu: S. 185, 186; Peter Eckert: S. 154; eurotravel: S.
105; Flocu: S. 47; fpwing: S. 199; Kyryl Gorlov: S. 82;
Georg Hafner: S. 94; Hsvrs: S. 19; i-Stockr: S. 193;
Kemter: S. 194; marako85: S. 181; saiko3p: S. 14
o.; Sima_ha: S. 11 u.; Adam Smigielski: S. 113; Ken
Wiedemann: S. 10, 37
Kitzbühel Tourismus/Michael Werlberger: S. 203, 204
LÖWENZAHM/ Stanglwirt: S. 144
Museum der Völker/Markus Ocvirk: S. 124
Olympiaworld Innsbruck: S. 39
Ötztal Tourismus/Werner Elmer: S. 96
Patscherkofelbahn: S. 41; Daniel Zangerl: S. 40
Shutterstock/9MOT: S. 48 o.; Alberto Agnoletto: S.
72 o.; Andifo: S. 54; Roman Babakin: S. 197, 206;
Bankoo: S. 17 o.; Boris-B: S. 2 re., 86, 192, 207;
canbedone: S. 166 o.; DaLiu: S. 59; D.Bond: S. 90;
Chatchanok Engchuan: S. 91; Sina Ettmer Pho-
tography: S. 159; Everett – Art: S. 184; FamVeld:
S. 205; footageclips: S. 46; FooTToo: S. 202; Igor
Golovniov: S. 187; hightowernrw: S. 213; Tanya
Jones: S. 55; josefkubes: S. 175; Luciana Magdalena
Julio: S. 12; karamysh: S. 38; kasakphoto: S. 107;
KazT: S. 45; Radoslav Kellner: S. 44; KK imaging: S.
62; Torben Knauer: S. 36 u.; lbrix: S. 168 u.; loren-
za62: S. 15; Fabio Lotti: S. 18 o., 18 u.; Sonja Mair:
S. 170; mindscapephotos: S. 43; MoLarjung: S. 214;
Tatsuo Nakamura: S. 100; OpopO: S. 208; pixel cre-
ator: S. 109; Markus Plank: S. 153; PlusONE: S. 57;
Radomir Rezny: S. 129; Ugis Riba: S. 23 o.; Johannes
Rigg: S. 93; RukiMedia: S. 36 o., 188; saiko3p: S. 21
o.; sasimoto: S. 189; Steffen Seemann: S. 49; Ihor
Serdyukov: S. 2 li., 33; Andrey Shcherbukhin: S. 24;
Storm Inside Photography: S. 48 u., 60; Raymond
Thill: S. 138 re.; Alexander Tolstykh: S. 147; Vania
Tonova: S. 174; trabantos: S. 117; Anibal Trejo: S. 52
o., 52/53; Umomos: S. 2 Mitte, 64; xkomplex: S. 56;
Sadik Yalcin: S. 50; Danny Ye: S. 142; Mikalai Nick
Zastsenski: S. 51
Stubaier Gletscher/Andre Schönherr: S. 108
Swarovski Kristallwelten/Victor Brigola: S. 121
Tiroler Festspiele/Iolin: S. 146
Tirol Werbung/Bernhard Aichner: S. 4 li., 17 u., 21 u.,
23 u., 31 o., 32, 58, 61, 71, 76, 78, 102, 103, 114, 120
re., 122, 123 re., 131 o., 138 li., 162 o., 166 u., 167,
168o., 169, 173, 191, 200; Frank Bauer: S. 4 re., 104,
123 li., 131 u., 151 o., 171, 182; Michael Grössing-
er: S. 116, 148; Ramon Haindl: S. 112, 176; Bert
Heinzlmeier: S. 11 o., 66 o., 66 u., 84, 106, 158, 165;
Hans Herbig: S. 35, 179; Janine Hofmann: S. 74, 75;
Sebastian Höhn: S. 8/9; Lisa Hörterer: S. 98, 134,
136 u., 155, 180 o., 180 u., 196; Johannes Mair: S. 3
re., 172; Verena Kathrein: S. 26; Klaus Kranebitter:
S. 195; Maren Krings: S. 110; Tobias Madörin: S. 162
u.; Josef Mallaun: S. 1, 4 Mitte, 69, 72 u., 87, 101,
115, 163 u., 190; George Marshall; S. 16, 132, 136
o., 151 u.; Casey Moore: S. 118, 120 li.; Peter Neuss-
er: S. 157; Robert Pupeter: S. 81; Michael Rathmayr:
S. 125, 130; Bernd Ritschel: S. 3 Mitte, 68; Sebastian
Schels: S. 210; Charly Schwarz: S. 63, 198; Jens
Schwarz: S. 80, 126, 128, 145, 160 u., 163 o., 209;
Christina Schwemberger: S. 3 li., 97; Oliver Soulas:
S. 67, 92, 140, 201; Frank Stolle: 14 u., 149 o., 164;
Tanja Ullrich: S. 160 u.; Mario Webhofer: S. 149 u.,
177; Martina Wiedenhofer: S. 133; Ruth Wytinck: S.
31 u., 156, 178
Tourismusverband Kaiserwinkl: S. 143
TVB Innsbruck/Zimmermann: S. 25
TVB St. Anton am Arlberg/Josef Mallaun: S. 85
www.alexandermarialohmann.com: S. 99

Titelbild: Der Lech in der Nähe von Forchach in den Lechtaler Alpen (Foto: iStockphoto/PK-Photos)
Umschlagrückseite: Kinder können in Tirol auf Haflingern reiten (links/s. S. 205), Blick über den Achensee nach Pertisau (Mitte/s. S. 11 u.), Die Zillertal Arena hat für Einsteiger und Fortgeschrittene eine Vielzahl an Pisten zu bieten (rechts/s. S. 159)
Schmutztitel (S. 1): Skifahrer im Skigebiet von Serfaus
Seite 2/3/4 (v. l. n. r.): Spanischer Saal in Schloss Ambras, Internationales Ballonfestival Tannheimer Tal, Ski-Tourismus in St. Anton am Arlberg; ice Q in Sölden auf 3000 Höhenmetern, Steinböcke in der Nähe der Memminger Hütte bei Zams, Kletterer am steilen Abgang bei der Dolomitenhütte in Amlach; Schabernack auf den Straßen von Imst, Skigebiet Hochzillertal-Hochfügen, Galitzenklamm
Seite 10/11: Innsbruck mit Blick auf die Alpen (S. 10), Nationalpark Hohe Tauern (S. 11 o.), Achensee mit Blick auf Pertisau (S. 11 u.)

Konzeption, Layout und Gestaltung dieser Publikation bilden eine Einheit, die eigens für die Buchreihe der **1000 Places To See Before You Die-City/Regio Guides** entwickelt wurde. Sie unterliegt dem Schutz geistigen Eigentums und darf weder kopiert noch nachgeahmt werden.

Mit Textbeiträgen aus 1000 Places To See Before You Die – Deutschland · Österreich · Schweiz von Susanne Kilimann, Rasso Knoller und Roland Mischke.

Unser/e Autor/in hat diese Ausgabe unmittelbar vor Ausbruch des Coronavirus recherchiert. Aufgrund der Pandemie kann es zu veränderten Öffnungszeiten und Zugangsbeschränkungen sowie Schließungen kommen. Wir bitten dies zu entschuldigen!

© 2020 VISTA POINT Verlag GmbH, Rolandsecker Weg 30, D-53619 Rheinbreitbach
Alle Rechte vorbehalten
Reihenkonzeption: Andreas Schulz & VISTA POINT-Team
Bildredaktion: Kathrin Fäller
Lektorat: JB Bild | Satz | Text
Layout und Herstellung: Britta Wilken
Reproduktionen: Noch & Noch, Datteln
Kartographie: Huber Kartographie GmbH, Unterschleißheim
Druckerei: Florjancic tisk d.o.o., Slowenien

ISBN 978-3-96141-473-4

An unsere Leser!
Die Informationen dieses Buches wurden gewissenhaft recherchiert und von der Verlagsredaktion sorgfältig überprüft. Nichtsdestoweniger sind inhaltliche Fehler nicht immer zu vermeiden. Für diese übernimmt der Verlag keine Haftung. Für Ihre Korrekturen und Ergänzungsvorschläge sind wir dankbar.

VISTA POINT Verlag
Rolandsecker Weg 30 · 53619 Rheinbreitbach
Telefon: +49 (0)2224/7795-0 · Fax: +49 (0)2224/7795-100
info@vistapoint.de · www.vistapoint.de · www.facebook.de/vistapoint

hofburg-innsbruck.at

Hofburg Innsbruck

Auf den Spuren von Maximilian, Maria Theresia und Elisabeth